中社智库

新时代智库出版的领跑者

中社智库

国家智库报告（2021）

National Think Tank (2021)

新时代中俄经贸合作：

新趋势与新问题

CHINA-RUSSIA ECONOMIC COOPERATION IN NEW ERA:

NEW TRENDS AND NEW PROBLEMS

郭晓琼　著

中国社会科学出版社

图书在版编目(CIP)数据

新时代中俄经贸合作：新趋势与新问题／郭晓琼著．—北京：中国社会科学出版社，2021.1
（国家智库报告）
ISBN 978－7－5203－7488－0

Ⅰ.①新…　Ⅱ.①郭…　Ⅲ.①中俄关系—经贸合作—研究
Ⅳ.①F125.551.2

中国版本图书馆CIP数据核字（2020）第231315号

出 版 人　赵剑英
项目统筹　王　茵　喻　苗
责任编辑　范晨星
责任校对　周　昊
责任印制　李寡寡

出　　版　中国社会科学出版社
社　　址　北京鼓楼西大街甲158号
邮　　编　100720
网　　址　http://www.csspw.cn
发 行 部　010－84083685
门 市 部　010－84029450
经　　销　新华书店及其他书店

印刷装订　北京君升印刷有限公司
版　　次　2021年1月第1版
印　　次　2021年1月第1次印刷

开　　本　787×1092　1/16
印　　张　12.25
插　　页　2
字　　数　161千字
定　　价　75.00元

凡购买中国社会科学出版社图书，如有质量问题请与本社营销中心联系调换
电话：010－84083683

摘要：21 世纪以来，中俄两国遵循战略协作伙伴关系的原则和精神，在各个领域中的合作都进展顺利。2008 年中俄之间的边界问题彻底解决，两国之间不再有悬而未决的问题。当前中俄关系处于历史最好时期，中俄经贸合作逐渐成为中俄战略协作的核心内容。

经过多年的努力，中俄经贸合作取得了令人瞩目的发展成就，双边贸易额稳定增长，相互投资规模逐渐扩大，能源合作全方位展开，金融、农业、基础设施及地方等领域的合作不断取得新进展、新突破，产能、科技创新、电商等领域的合作成为近年来新的增长点。此外，随着中俄经贸合作的深化发展，近年来还出现合作模式机制化、运作方式市场化、合作领域新兴化、合作范围全方位化、贸易投资便利化、基础设施与服务网络化等新趋势，未来中俄经贸合作将拥有广阔的前景。

当然，尽管中俄两国经贸合作取得了丰硕的成果，但也存在一些问题严重阻碍经贸合作的深化发展。此外，新冠肺炎疫情影响下，世界经济形势、全球化趋势及人类的生活方式都产生了深刻的变化，中俄经贸合作也受到一定程度的负面影响。整体看，两国经贸合作向好的趋势不会改变，两国政府、工商界和学界应共同努力，及时对中俄经贸合作的模式和内容进行调整，使之不断与新形势相适应。

关键词：中俄经贸合作、中俄战略协作、能源合作、科技合作

Abstract: Since the 21st century, following the principles and spirit of the strategic partnership, the cooperation of China and Russia has run smoothly in various fields. After the border issue between China and Russia was completely resolved in 2008, there were no more unresolved territorial issues between the two countries. The relations of China-Russia are in full bloom in history currently, and the economic cooperation of China-Russia has gradually become the core content of their strategic cooperation.

After years of persistent efforts, the economic cooperation of China-Russia has made remarkable progress. Such as, the volumes of bilateral trade have increased steady; the scale of investment is gradually expanding; energy cooperation is in full swing; new progress in fields of finance, agriculture, infrastructure and local area has been gotten; areas of cooperation in production capacity, technology, innovation, and e-commerce has become a new growth point for the past few years. With the deepening of China-Russia economic cooperation, more new trends have emerged in recent years. In the future, China-Russia economic cooperation will have better prospects.

Although the economic cooperation of China and Russia has achieved great fruit, there also are some problems. Furthermore, the world economy situation, globalization trends, and the people lifestyles have been dramatically changed by the global epidemic. In spite of the economic cooperation of China-Russia has also been shocked by the epidemic, the better trends of cooperative relations will not transform.

Key Words: China-Russia Economic Cooperation; China-Russia Strategic Cooperation; Energy cooperation; Technology cooperation

目　　录

引　言

21 世纪以来，中俄两国遵循战略协作伙伴关系的原则和精神，在各个领域中的合作都进展顺利。2008 年中俄之间的边界问题彻底解决，两国之间不再有悬而未决的问题。当前中俄关系处于历史最好时期，中俄经贸合作逐渐成为中俄战略协作的核心内容。

中俄经贸合作之所以能够不断深化发展，主要得益于其拥有坚实的现实基础。政治方面，高度的政治互信为经贸合作提供有力的政治保障，中俄两国元首高频互动，共同商讨中俄两国发展大计，对中俄关系做出高瞻远瞩的战略引领和顶层设计，推动新时代中俄全面战略协作伙伴关系持续稳定地向前发展。经济方面，进入 21 世纪，中俄两国经济都取得了长足发展，为两国经贸合作奠定了经济基础；机制建设方面，两国各级政府及有关决策部门在经贸合作实践中不断寻求解决各种问题，逐渐建立起一系列运行机制，对推动中俄经贸合作的发展起到至关重要的作用。中俄总理定期会晤机制已成为中国对外合作中规格最高、组织结构最全、涉及领域最广的磋商机制。

经过多年的努力，中俄经贸合作取得了令人瞩目的发展成就，双边贸易额稳定增长，相互投资规模逐渐扩大，能源合作全方位展开，金融、农业、基础设施及地方等领域的合作不断取得新进展、新突破，产能、科技创新、电商等领域的合作成为近年来新的增长点。此外，随着中俄经贸合作的深化发展，近年来还出现合作模式机制化、运作方式市场化、合作领域新兴化、合作范围全方位化、贸易投资便利化、基础设施与服务网络化等新趋势，未来中俄经贸合作将拥有广阔的前景。

当然，尽管中俄两国经贸合作取得了丰硕的成果，但仍存在一些问题严重阻碍经贸合作的深化发展。其中，主要问题包括：贸易商品结构低级化、双边贸易仍以产业间贸易为主、服务贸易发展相对落后、制度环境有待优化、民众间仍存在戒备心理等。这些问题大多具有长期性，需要两国携手努力，只有从根本上解决这些问题，中俄经贸合作的水平才能取得质的提升。此外，在新冠肺炎疫情影响下，世界经济形势、全球化趋势及人类的生活方式都产生了深刻的变化，中俄经贸合作也受到一定程度的负面影响。整体看，两国经贸合作向好的趋势不会改变，两国政府、工商界和学界应共同努力，及时对中俄经贸合作的模式和内容进行调整，使之不断与新形势相适应。

最后，面对复杂多变的国际经济形势，针对目前存在的问题，未来合作中，中俄双方应做好以下五方面工作：第一，正确看待两国元首提出的到 2024 年达到 2000 亿美元的贸易额目标；第二，优化贸易结构，提高合作质量；第三，转变政府职能，加强制度保障和机制性建设；第四，提高两国经济互信，让人文合作成为经济合作的铺垫和辅助；第五，为降低新冠肺炎疫情对两国经贸合作的负面影响，应对未来两国合作的重点领域进行提前规划。

一　中俄经贸合作的现实基础

中俄经贸合作拥有坚实的现实基础。政治方面，高度的政治互信为经贸合作提供有力的政治保障，中俄两国元首高频互动，共同商讨中俄两国发展大计，对中俄关系做出高瞻远瞩的战略引领和顶层设计，推动新时代中俄全面战略协作伙伴关系持续稳定地向前发展。经济方面，进入21世纪以来，中俄两国经济都取得了长足发展，为两国经贸合作奠定了经济基础；机制建设方面，两国各级政府及有关决策部门在经贸合作实践中不断寻求解决各种问题的途径，逐渐建立起一系列运行机制，对推动中俄经贸合作的发展起到至关重要的作用。中俄总理定期会晤机制已成为中国对外合作中规格最高、组织结构最全、涉及领域最广的磋商机制。

（一）高度政治互信为经贸合作提供政治保障

1992年以来，中国与俄罗斯的关系一直发展顺利，有利于两国关系发展的因素也不断增加。20世纪90年代后半期，中俄关系连上了三个台阶：从“互视为友好国家”到“建设性伙伴关系”，再到建立“平等与信任的、面向21世纪的战略协作伙伴关系”。中俄双方遵循战略协作伙伴关系的原则与精神，实现了两国高层领导人互访的机制化，解决了大部分历史遗留的边界问题，在边境地区建立信任措施与实行裁军，联合打击国际恐怖主义、民族分裂主义与宗教极端主义三股势力，中俄两国在国际事务中的协调不断加强，经贸合作不断扩大，这些都有利于两国政治互信的增强。

进入21世纪，中俄两国先后经历了最高领导人的政权交接，两国政治关系并没有因为领导人的更替而受到不利影响，战略协作伙伴关系继续得到巩固与发展。2000年7月，普京就任总统之后第一次访问中国，中俄双方共同签署了《中俄北京宣言》，《宣言》中提出："中国和俄罗斯签署和通过的所有政治文件是两国关系得以良好发展的牢固基础。中国和俄罗斯恪守其各项原则和精神，决心不断努力，将两国关系提高到新水平。"中国国家主席胡锦涛上任后，2003年5月末至6月上旬出访欧亚一些国家时，将俄罗斯作为首访国家，访问期间，胡锦涛在莫斯科国际关系学院的演讲中提出了提升中俄关系的四项原则：相互支持和相互信任、合作与双赢、加强交往与友谊、加强协作。

2000年以来，中俄两国还采取了一系列重大举措，签订了一些条约、协定和联合声明，中俄战略协作伙伴关系得到了进一步的充实和发展。2001年7月16日，江泽民主席和普京总统签订了《中俄睦邻友好合作条约》。条约共25条，有效期为20年。条约作为新世纪中俄关系的纲领性文件，规定了两国今后在政治、经济、贸易、科技、文化和国际事务中合作的原则和方向。条约总结了发展中俄关系最主要的方针和原则，将两国"世代友好、永不为敌"的和平思想和永做好邻居、好朋友、好伙伴的坚定意愿以法律形式加以确定。当日，两国元首还签署了《中俄元首莫斯科联合声明》，在声明中对《中俄睦邻友好合作条约》的签订予以积极的评价，指出《中俄睦邻友好合作条约》"是两国关系史上的一个重要里程碑，标志着双方关系进入一个新阶段"。"中俄元首坚信，以条约为坚实基础，中俄关系在本世纪必将达到新的更高水平。"2002年12月初，中俄两国首脑在北京签署的《中俄联合声明》对《中俄睦邻友好条约》做了进一步的充实和细化。2004 年 10 月 14 日，中俄两国外长李肇星和拉夫罗夫签署了《中俄国界东段补充协定》，该协定基于 1991 年中俄两国签署的《中国和苏联关于国界东段的协定》，明确了关于两国长期以来争议的黑瞎子岛、珍宝岛以及阿巴该图洲渚地区的归属问题。该协定的签署使中俄两国长达 4300 多千米的边界线走向全部确定下来，为两国睦邻友好关系奠定了稳固的基础。2005 年 7 月 1 日，胡锦涛主席与普京总统在莫斯科签署了《中俄关于 21 世纪国际秩序的联合声明》。中俄两国在国际关系中的各种重大问题上有着广泛的共识与共同的利益。在联合声明中，双方对 21 世纪人类面临的中心任务、如何解决人类面临的问题、联合国改革、全球化的影响、消除发达国家与发展中国家之间发展水平差距、建立新型的安全构架等问题表明了共同的主张。联合声明显示出中俄两国促进世界和平、稳定、繁荣的坚定决心，对深化两国在国际领域的战略协作、促进国际形势健康发展具有重要意义。2008 年 7 月 21 日，中俄两国外长签署了两国东段国界的补充叙述议定书，10 月 14 日，在黑瞎子岛举行了“中华人民共和国与俄罗斯联邦国界东段界桩揭幕仪式”，中俄之间的边界问题彻底解决，两国间不再有悬而未决的问题，这对巩固与发展两国睦邻友好关系意义重大。目前，中俄关系处于历史最好时期，高度的政治互信对经贸合作的开展奠定了坚实的政治基础。2011 年，恰逢《中俄睦邻友好合作条约》签署十周年，2011 年 6 月，胡锦涛主席与梅德韦杰夫总统在会晤期间，将中俄关系提升为“全面战略协作伙伴关系”，中俄战略互信进一步增强。

2012 年以来，中俄两国元首高频互动，共同商讨中俄两国发展大计，对中俄关系做出高瞻远瞩的战略引领和顶层设计，推动中俄全面战略协作伙伴关系持续稳定地向前发展。普京再次当选总统后将中国列为首访国家，于 2012 年 6 月 5 日访问中国，并出席在北京举行的上海合作组织成员国元首理事会第十二次会议。2013 年 3 月，习近平当选中国国家主席后首选俄罗斯进行国事访问，充分体现了对中俄战略协作伙伴关系的重视。习近平表示，选择俄罗斯作为出访首站并不是偶然，而是要展示中俄两国关系具有特殊的重要性。俄罗斯总理梅德韦杰夫也表示："俄罗斯被选为中国新任国家主席首个进行国事访问的国家，是非常有象征意义的。俄中全面战略协作伙伴关系发展良好，当前两国关系处于历史最好时期，俄方对此表示满意。俄方认为，习近平主席的访问成果丰硕，必将深化两国战略协作，为俄中关系长期发展注入新的动力。"此次访问中，中俄两国元首就继续深化中俄战略协作伙伴关系，加强全方位战略合作达成一系列重要共识，标志着中俄关系进入全面开展务实合作的新阶段。除此次国事访问之外，2013 年中俄两国元首还参加了 3 月 26—27 日在南非举行的金砖四国峰会、9 月 5 日在圣彼得堡举行的 G20 峰会、9 月 12—13 日在比什凯克举行的上合组织峰会和 10 月 7 日在巴厘岛举行的亚太经合组织峰会，多次进行会面，强调两国关系的重要性和特殊性。中俄两国共同参与的亚信、金砖、上合、亚太经合组织等多边机制，保证了两国元首以每年四次以上的频率高频会面。两国元首对中俄关系及重大国际和地区问题深入交换意见，达成一系列共识，为中俄关系和中俄务实合作的发展掌舵领航。

中共十九大的召开明确了中国发展新的历史方位，制定了中国未来一个时期的基本方略和发展蓝图，并提出新时代中国特色大国外交要以推动建设相互尊重、公平正义、合作共赢的新型国际关系，坚持和平发展道路，推动构建人类命运共同体为使命。2018 年 5 月，普京也开启其第四个总统任期。中俄两国均进入新的发展周期，迎来更大发展新机遇，中俄关系也站在了历史的新起点。① 2019 年 6 月 5—7 日，应普京总统邀请，

① 郭晓琼：《从普京总统的"年终总结"看中俄》，2017 年 12 月 15 日，海外网（http://opinion.haiwainet.cn/n/2017/1215/c353596-31208313.html）。

习近平主席对俄罗斯进行国事访问，两国元首共同发表《中华人民共和国和俄罗斯联邦关于发展新时代全面战略协作伙伴关系的联合声明》，将中俄关系提升为“新时代全面战略协作伙伴关系”，其内涵包括以下目标和方向：

——守望相助，相互给予更加坚定有力的战略支持，支持对方走自身发展道路和维护本国核心利益，保障两国各自安全、主权和领土完整。为此双方将进一步开展相关领域互信合作。

——深度融通，就国家发展战略对接进行密切协调和战略协作，拓展经贸和投资互利合作，民心更加友好相通，文化更加互鉴相融；

——开拓创新，不断丰富、完善双方合作理念、机制，开拓新的领域、项目、技术，更加全面挖掘两国关系潜力和发展动能；

——普惠共赢，进一步团结其他观点一致国家，维护以《联合国宪章》宗旨和原则为核心的国际秩序和国际体系，推动建设相互尊重、公平正义、合作共赢的新型国际关系，推动构建人类命运共同体，在各国平等参与全球治理、遵循国际法、保障平等和不可分割的安全、相互尊重和考虑彼此利益、摒弃对抗和冲突的基础上，秉持多边主义原则，解决国际和地区问题，在国际事务中主持公道，促进更加公正合理的多极世界的形成，惠及世界人民，实现合作共赢。①

中俄关系成为当今国际格局中最为稳定和成熟的大国关系，树立了新型大国关系的典范，两国高度的政治互信为经贸合作的发展提供了坚实的政治保障。（见表1.1）

---

① 《中华人民共和国和俄罗斯联邦关于发展新时代全面战略协作伙伴关系的联合声明》，2019年6月6日，中华人民共和国中央人民政府网（http：//www. gov. cn/xinwen/2019－06/06/content_ 5397865. htm）。

表 1.1　　2013—2019 年中俄元首会面

年份	时间	地点	场合
2013 年	3 月 22 日	俄罗斯 莫斯科	习近平主席对俄罗斯进行国事访问
	3 月 27 日	南非 德班	金砖国家领导人第五次会晤
	9 月 5 日	俄罗斯 圣彼得堡	二十国集团领导人第八次会晤
	9 月 13 日	吉尔吉斯斯坦 比什凯克	上海合作组织成员国元首理事会第十三次会议
	10 月 7 日	印度尼西亚 巴厘岛	亚太经合组织第二十一次领导人非正式会议
2014 年	2 月 6 日	俄罗斯 索契	习近平主席出席索契冬奥会开幕式
	5 月 20 日	中国 上海	亚洲相互协作与信任措施会议第四次峰会
	7 月 14 日	巴西 福塔莱萨	金砖国家领导人第六次会晤
	9 月 11 日	塔吉克斯坦 杜尚别	上海合作组织成员国元首理事会第十四次会议
	11 月 9 日	中国 北京	亚太经合组织第二十二次领导人非正式会议
2015 年	5 月 8 日	俄罗斯 莫斯科	习近平主席出席俄罗斯纪念卫国战争胜利 70 周年庆典并访问俄罗斯
	7 月 8 日	俄罗斯 乌法	金砖国家领导人第七次会晤
			上海合作组织成员国元首理事会第十五次会议
	9 月 3 日	中国 北京	普京总统访华并出席中国抗战胜利 70 周年纪念活动
	11 月 15 日	土耳其 安塔利亚	二十国集团领导人第十次峰会
	11 月 30 日	法国 巴黎	习近平主席出席气候变化巴黎大会开幕活动并会见普京总统
2016 年	6 月 23 日	乌兹别克斯坦 塔什干	上海合作组织成员国元首理事会第十六次会议
	6 月 25 日	中国 北京	普京总统对中国进行国事访问
	10 月 15 日	印度 果阿	金砖国家领导人第八次会晤
	11 月 19 日	秘鲁 利马	亚太经合组织第二十四次领导人非正式会议

续表

年份	时间	地点	场合
2017 年	5 月 14 日	中国 北京	首届“一带一路”国际合作高峰论坛
	6 月 8 日	哈萨克斯坦 阿斯塔纳	上海合作组织成员国元首理事会第十七次会议
	7 月 4 日	俄罗斯 莫斯科	习近平主席对俄罗斯进行国事访问
	9 月 3 日	中国 厦门	金砖国家领导人第九次会晤
	11 月 10 日	越南 岘港	亚太经合组织第二十五次领导人非正式会议
2018 年	6 月 8 日	中国 北京 天津	普京总统对中国进行国事访问
	6 月 10 日	中国 青岛	上海合作组织成员国元首理事会第十八次会议
	7 月 26 日	南非 约翰内斯堡	金砖国家领导人第十次会晤
	9 月 11 日	俄罗斯 符拉迪沃斯托克	第四届东方经济论坛
2019 年	4 月 25 日	中国 北京	第二届“一带一路”国际合作高峰论坛
	6 月 5 日	俄罗斯 莫斯科 圣彼得堡	习近平主席对俄罗斯进行国事访问并出席圣彼得堡经济论坛
	6 月 14 日	吉尔吉斯斯坦 比什凯克	上海合作组织成员国元首理事会第十九次会议
	6 月 16 日	塔吉克斯坦 杜尚别	亚洲相互协作与信任措施会议第五次峰会
	6 月 28 日	日本 大阪	二十国集团领导人第十四次峰会

资料来源：笔者整理。

（二）两国经济发展为经贸合作奠定经济基础

进入 21 世纪，中俄两国经济取得了长足的发展，尤其是 2000—2008 年间，人民生活水平不断提高，企业经营与投资环境逐步改善，两国消费和投资能力也随之增强，这为中俄经贸合作的发展奠定了良好的经济基础。2000 年以来，中国经济飞速发展，经济一直保持 8% 以上的增长率，2003—2008 年，中国经济增长连续六年保持两位数增长率，2007 年达到 14.6%。[1] 2010 年，中国 GDP 赶超日本，成为世界第二大经济体。2011 年后，中国经济增长速度放缓，2019 年经济增速为 6.1%，经济始终保持稳定增长。多年来，随着经济的快速发展，中国城镇和农村居民生活得到持续改善。2000 年，中国城镇居民人均可支配收入为 6280 元，到 2019 年已增长至 42359 元，增长了 5.7 倍，农村居民人均可支配收入从 2000 年的 2253 元增长到 2019 年的 16021 元，增长了 6.1 倍。2000—2019 年，中国居民消费水平从 3698 元提高到 27563 元，城镇居民人均现金消费支出从 4998 元增长到 28063 元，农村居民人均消费支出也从 1670 元提高到 13328 元。[2]

进入 21 世纪以来，俄罗斯逐步走出经济危机的阴霾，开始恢复性增长，尤其是 2003—2008 年，俄罗斯经济呈现快速增长态势，经济年均增长率达到 7%。2009 年后，俄罗斯经济增长速度放缓，2019 年经济增长率为 1.3%。普京总统执政期间，推行强国富民的执政理念，提出四大民生工程，大力改善居民生活。2000 年，俄罗斯居民人均收入为 2281 卢布/月，2019 年已提高到 35249 卢布/月，是 2000 年收入水平的 15.5 倍。2000 年，俄罗斯人均最终消费支出为 26014 卢布，2012 年增长至 401400 卢布，增长了 14.4 倍。2000 年平均养老金为 694 卢布，到 2018 年提高至 13360 卢布，居民最低生活保障从 2000 年的 1210 卢布/月，提高到 2018 年的 10287 卢布/月，生活水平在最低生活保障线以下的居民比例从 2000 年的 29% 下降至 2018 年的 12.6%。[3]

---

① 2020 年 7 月 3 日，国家统计局（http://data.stats.gov.cn/search.htm?s=GDP）。

② 2020 年 7 月 3 日，国家统计局（http://data.stats.gov.cn/easyquery.htm?cn=C01）。

③ Федеральная служба государственной статистики, 14 Dec. 2019г. https://www.gks.ru/folder/13397.

由于中国经济体量较大，经济增速相对比较稳定，中俄双边贸易额受俄罗斯经济形势影响较大，2009 年和 2015 年俄罗斯经济危机时期，中俄双边贸易额也出现大幅度下降，2009 年下降 31.8%，2015 年下降 28.6%，而危机过后，随着俄罗斯经济的复苏，双边贸易额也呈现较大幅度的恢复性增长，2010 年增长 43.1%，2017 年增长 20.8%（见图 1.1）。

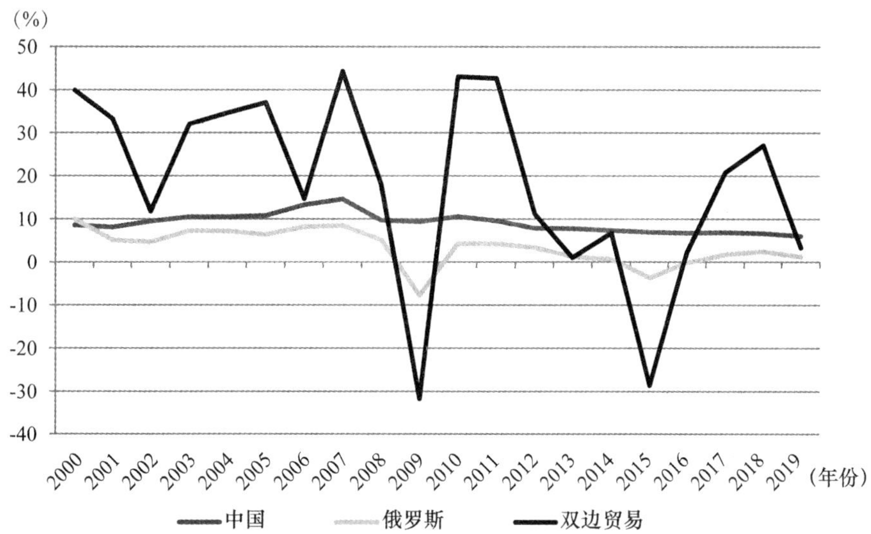

图 1.1 中俄两国经济增长率与双边贸易增长率变动情况（%）

资料来源：2020 年 7 月 3 日中国经济增长率数据来源于国家统计局（http：//data. stats. gov. cn/easyquery. htm？ cn = C01）；2019 年 12 月 14 日俄罗斯经济增长率数据来源于俄罗斯联邦国家统计局（https：//www. gks. ru/storage/mediabank/tab3（1）. htm）。

（三）各类协调机制为经贸合作搭建沟通平台

中俄经贸合作经过多年的发展，各级政府及有关决策部门在经贸合作实践中不断寻求解决各种问题，在此过程中逐渐建立起一系列运行机制，这些机制的运行对推动中俄经贸合作的发展起到至关重要的作用。

1. 国家层面：中俄高层互访与总理会晤机制

1996年4月，叶利钦总统第二次访华期间，中俄两国就两国高层互访与定期会晤机制达成一致：中俄两国元首每年分别在北京和莫斯科会晤一次；建立两国总理定期会晤委员会，每年在双方首都各会晤一次；建立两国领导人之间的电话热线，就重大问题随时进行沟通和磋商。1996年12月，李鹏总理访问俄罗斯，正式启动中俄总理定期会晤机制。此后，中俄两国领导人每年定期举行会晤和磋商，就双边关系及一些重大的国际问题交换意见，签订了一系列重要的联合声明、协定，为继续推动两国务实合作指明了方向，为中俄战略协作伙伴关系的进一步发展做出贡献。

1996年12月，李鹏总理和切尔诺梅尔金总理在俄罗斯莫斯科举行首次中俄总理会晤，双方决定在设立两国政府首脑定期会晤委员会的同时，该委员会还下设分委会，涵盖经贸、能源、金融、科技、运输、核能、航天、通信和环保等各个领域。中俄两国副总理分别担任定期会晤委员会的中方和俄方主席。1997年，李鹏总理和切尔诺梅尔金总理在中国北京举行第二次总理定期会晤，中俄双方签署《中华人民共和国政府和俄罗斯联邦政府关于建立中俄总理定期会晤机制及其组织原则的协定》，根据该协定，中俄两国总理每年会晤不少于一次，在中俄两国轮流举办。

中俄总理定期会晤委员会框架下的经贸合作分委会的主要职责包括：协调中俄两国在经济贸易领域的合作并促进其发展；制定并落实两国大型合作项目与长期合作规划；监督两国政府间经贸合作条约和协定的执行情况，督促两国领导人在经贸合作领域达成共识的落实情况；解决双边合作中的重大问题；向中俄总理定期会晤委员会汇报双边经贸工作情况等。经贸合作分委会每年举行一次会议，总结一年来分委会工作进展，就双边合作中的一系列问题深入交换意见，并着手开展中俄总理定期会晤的准备工作。分委会下还设有工作组和工作小组。在规范贸易秩序、解决贸易争端、地区经贸合作等方面，中俄两国还共同建立磋商机制，遇到问题，积极并及时展开磋商。此外，大型企业和行业协会间也逐渐建立起对口联系机制。在两国经贸合作的实践中，会晤机制的覆盖领域逐渐扩大，组织结构不断健全，各分委会之间职责分工明确，工作效率不断提高。

目前，中俄总理定期会晤机制下已设立 19 个分委会，5 个委员会和 1 个工作组（见表 1.2）。这一重要合作机制已成为中国对外合作中规格最高、组织结构最全、涉及领域最广的磋商机制。① 可以说，总理定期会晤机制的建立和成功运行对推动中俄两国在各个领域合作起到了不可低估的作用。

2. 地区层面：中俄边境和地方间经贸合作协调委员会

1998 年，根据远东及后贝加尔跨地区经济协作协会的提议，中俄两国毗邻地区建立中俄边境地方经贸合作协调委员会，启动了中国黑龙江省、吉林省、辽宁省、内蒙古自治区、新疆维吾尔自治区与俄罗斯滨海边疆区、哈巴罗夫斯克边疆区、阿穆尔州、犹太自治州、赤塔州、萨哈共和国、阿尔泰共和国等毗邻地区的定期会晤机制。委员会关注的重点领域包括：完善双方经贸合作的模式与手段、促进贸易增长、降低边界壁垒、加强边界建设、协调有关法律法规、边境合作发展经验交流、改善跨境河流生态状况和发展交通基础设施等。该协调委员会每年召开一次会议，设轮值主席，由两国省（州）长轮流担任。在会议中，两国代表沟通两国毗邻地区上一年经贸合作相关情况，共同提出当前影响经贸合作的问题，并积极磋商解决。经会

① 刘华芹：《开启中俄经贸合作新时代——中俄（苏）经贸合作七十年回顾与展望》，《俄罗斯东欧中亚研究》2019 年第 4 期。

表 1.2　　中俄总理定期会晤机制

	下设机构名称
分委会	经贸合作分委会
	核能分委会
	金融分委会
	科技合作分委会
	交通运输合作分委会
	通信和信息技术分委会
	航天分委会
	环保合作分委会
	工业分委会
	农业合作分委会
	海关分委会
	旅游合作分委会
	教育分委会
	文化合作分委会
	卫生合作分委会
	体育合作分委会
	青年政策分委会
	大众媒体合作分委会
	影视合作分委会
委员会	能源合作委员会
	投资合作委员会
	卫星导航战略合作委员会
	人文合作委员会
	中国东北与俄罗斯远东及贝加尔地区政府间合作委员会
工作组	档案合作工作组

资料来源：笔者整理。

议讨论后，双方签署会议纪要，就会议取得的一致意见形成文件，向两国中央政府及有关部门上报。中俄边境和地方间经贸合作协调委员会自成立以来，已召开过十四次会议，成为中俄两国地区间有效的互动机制，对于协调和解决两国毗邻地区共同关心的经贸合作问题发挥了重要作用。

2002 年起，黑龙江省与俄罗斯远东及外贝加尔地区各联邦主体开始建立地方政府领导人会晤机制。目前，已经同哈巴罗夫斯克边疆区、滨海边疆区、阿穆尔州、犹太自治州领导人就建立一对一会晤机制交换了意见并达成共识，仿照中俄政府总理定期会议的模式，中方省长与俄方联邦主体行政长官每年举行会晤一次，对上年工作进行总结，对未来合作提出建议和规划，并就合作中存在的问题进行磋商。在该会晤机制下，下设文化交流工作组和经贸科技合作工作组，由副省（州）长负责，经贸科技合作工作组还下设能源、农业、工业、科技、林业、互市贸易区、口岸建设、旅游等多个专项工作小组，不定期召开会议，发生问题及时沟通和解决。从目前的情况看，尽管该机制在执行方面还存在各自为政、缺乏默契等问题，但会晤机制的建立为加强两国边境地区的交流与合作搭建了重要的沟通平台。

近年来，尤其是乌克兰危机之后，俄罗斯加快对远东地区的开发，中俄两国加强地方合作的意愿更加强烈，中俄两国元首将加强中国东北与俄罗斯远东及贝加尔地区的合作作为战略合作的重要方向。2017 年，中俄总理会晤机制之下，中俄建立中国东北与俄罗斯远东及贝加尔地区政府间合作委员会，统筹中俄双方在中国黑龙江、辽宁、吉林、内蒙古和俄罗斯远东及贝加尔地区经贸合作与相关项目的落实，加强两国的战略对接和政府协调。

3. 民间层面：各类民间组织和机构

除官方层面的会晤与协调机制之外，在民间层面，中俄两国也陆续出现了一些民间组织，这些组织由企业、商人自筹资金，自发成立，具有反应快、灵活性强、执行能力强等特点，在解决企业间合作与民间交流合作方面的具体问题上发挥着不可替代的作用。

中俄两国间的民间组织主要包括：国家级友好协会、华人社团及行业协会三类。

国家级友好协会主要包括中国对外友协、中俄友协、中俄友好和平发展委员会、俄中友好协会等。这类友好协会每年配合国家间友好合作的主题开展多种形式的活动，如友好互访、文艺演出、学术论坛、经贸洽谈会等。中俄友协是中国对外友协下设的国别友协，其前身是成立于1949年10月5日的中苏友好协会，是新中国最早开展活动的群众性民间外交团体，1992年2月，更名为中国俄罗斯友好协会。其宗旨是发展中俄两国间的民间友好往来，促进相互间的经济、政治、文化、社会及地区、城市间的交流与合作，增进中俄人民友谊。中俄友协的领导和理事任期五年，每五年举行一次换届大会，产生新一届领导班子。常务理事会每年召开一次会议，以沟通、讨论、总结并规划协会一年工作。① 中俄友协主要围绕以下方面开展工作：同俄罗斯对华友好组织、社会团体和各界人士发展友好关系，通过相互访问、举行纪念会、报告会、研讨会、出版书刊、交换资料等方式，增进了解，发展友谊，促进合作；通过民间途径，促进中俄经贸合作的发展，在中俄两国民间经贸企业间进行沟通，推动两国企业界代表团互访，发挥中介协调作用，帮助双方企业建立直接联系；开展中俄民间文化交流，派出民间文化艺术团体和文学、艺术界人士赴俄罗斯进行交流访问，举办演出和展览，并接待俄方团体和人士进行回访；推动中俄科技、教育合作和人才交流；开展中俄青少年友好交流，增进两国青少年的相互了解和友谊，培养中俄友好事业的接班人；

① 2012年7月4日，http：//www.cpaffc.org.cn/content/details28-22437.html.

促进中俄地区合作和各种类型的地方交流，推动建立友好城市关系等。中俄友好和平发展委员会是由两国政府支持，两国社会各界人士广泛参与的民间组织。1997 年 4 月，在莫斯科正式成立，其宗旨是加强两国人民的相互理解和传统友谊，促进睦邻友好合作，巩固和扩大中俄战略协作伙伴关系的社会基础。委员会分设中方委员会和俄方委员会，中俄双方各设主席一名、副主席两名，秘书处分别设立于中国外交部欧亚司和俄罗斯外交部第一亚洲司。委员会委员在热衷于中俄友好事业的社会各界人士中推选产生。该委员会在北京和莫斯科每年轮流举办会议，每次会议设定一个议题，议题涉及两国经贸、科技、文化、地区合作等多领域。多年来，该委员会作为中俄民间交往的主要渠道之一，为促进中俄世代友好及两国政治、经贸关系的发展做了大量细致而富有成效的工作，对推动两国民间交往起到了重要作用。

华人社团是指由在俄华商组建的民间团体。进入 21 世纪以来在俄的主要华人社团包括：圣彼得堡华人华侨协会（1999 年 12 月 20 日成立）、俄罗斯华人企业家联合会（2001 年 2 月成立）、莫斯科中国北方华人商会（2005 年 3 月 29 日成立）、中国浙江华侨华人联合会（2005 年 8 月 5 日成立）、俄罗斯中国南方商会（2005 年 10 月 16 日成立）和俄罗斯中国总商会（2006 年 4 月 15 日成立）。俄罗斯中国总商会虽然成立较晚，但规模最大。到 2007 年年底，商会共有会员 89 家，大多数为知名的国资大型企业派出单位，其中包括：欧洲商业开发投资管理中心俄罗斯代表处、中国贸促会驻俄代表处、华为集团俄罗斯公司、中国石油天然气集团公司驻俄代表处和莫斯科友谊商城等。总商会的宗旨是团结广大中资企业，努力充当中俄国家间经贸发展、中俄企业间交流的“桥梁和纽带”。总商会积极与俄罗斯民间组织莫斯科国际商业协会高级会员、首都（莫斯科）投资者协会、俄罗斯北方商会、俄罗斯南方商会及其他在俄华人团体

（如闽南商会、浙江华人华侨联合会等）建立联系；充分运用双边高层会晤机制，研讨和调研机制，中俄互访、参展和动员机制，援助和慈善机制，领导交办机制，为在俄华商排忧解难，维护中资企业的正当权益；定期举办两国间商务、科技和文化方面的洽谈会及交流活动；提供法律、安全、商务、信息、财会等技术支持和指南服务。

行业协会和商会在双边贸易中应起到制定行业标准规范、协调行业事务、避免行业内恶性竞争的重要作用。我国在海外市场上的行业协会包括：工业经济联合会、企业联合会、质量协会、包装联合会、机械工业联合会、建筑材料工业协会、家用电器协会、轻工业联合会、纺织工业协会、服装协会、食品和包装机械工业协会、纺织品进出口商会、轻工工艺品进出口商会、机电产品进出口商会、对外承包工程商会等。这些行业协会和商会在对俄贸易中发挥的作用还比较小，随着俄罗斯营商环境的改善、中俄双边贸易的逐步规范，在俄罗斯的行业协会和商会将发挥日益重要的作用。

二　中俄经贸合作的发展历程

纵观中俄经贸合作的发展历程，大体上可分为四个时期：第一时期为1992—1993年，该时期为中俄经贸合作的初步发展期，中俄经贸合作经历了短暂的快速发展时期；第二时期为1994—1999年，该时期为中俄经贸合作的缓慢发展期，受俄罗斯经济下滑影响，中俄双边贸易额出现下滑，但经贸合作的法律基础和机制逐步建立并日趋完善；第三时期为2000—2011年，该时期为中俄经贸合作的快速发展期，贸易额迅速攀升，合作领域不断扩大；第四时期为2012年至今，该时期为中俄经贸合作的深度发展期，经贸额波动较大，提升速度也放缓，但各领域合作全面展开并深入发展，中俄经贸合作的质量不断提升。

（一）初步发展期（1992—1993年）

苏联解体后，俄罗斯作为苏联的继承国面临着严峻复杂的国际、国内形势。从俄罗斯国内形势看，俄罗斯进行了从计划经济到市场经济的经济改革，经济增长严重下滑；苏联解体后，经互会随之解散，原有的经济分工和对外经济联系被迫中断。然而，从国际环境看，这一时期全球范围内以信息技术革命为中心的高新技术迅猛发展，缩小了各国之间的距离，各国之间经济联系日益密切，世界经济逐渐融合，经济全球化成为不可逆转的趋势。在此背景下，俄罗斯独立执政后，加强了与中国的经贸联系，

1992 年，中俄双边贸易额为 58.6 亿美元，比苏联解体前 1991 年中苏双边贸易额增长了 50%，其中，对俄出口额为 23.4 亿美元，同比增长 28%，自俄进口额为 35.3 亿美元，同比增长 69%。1993 年双边经贸额进一步增长至 76.8 亿美元，同比增长 31%，其中，对俄出口额为 26.9 亿美元，同比增长 15%，自俄进口额为 49.9 亿美元，同比增长 41%。除贸易额增长之外，军技合作、工程承包、租赁、建立合资企业等领域的合作也逐渐开展。

这一时期，中俄经贸合作快速发展主要取决于以下几方面因素。

第一，俄罗斯出现严重的转型性经济危机，市场供应紧张，尤其是与人民生活密切相关的食品、服装等消费品严重短缺。1992 年俄罗斯经济下降 19%，1993 年下降 12%，工业产值分别下降 18% 和 14%，农业产值下降 9% 和 4%，消费品产量下降 15% 和 11%，所有拨款来源的投资额下降 40% 和 20%，居民服务下降 12% 和 30%，对外贸易总额下降 23% 和 12%。由于生产下降，俄罗斯迫切需要大量消费品进口，缓解市场供应紧张，保障社会稳定。1992—1993 年，食品进口占俄罗斯进口总额约 30%，俄罗斯全国约 50% 的食品依赖进口，在一些大城市食品进口的比例甚至达到 70%—80%。而在该时期，中国经济正在飞速发展，基建规模不断扩大，原材料产品的需求日益增长，并且轻工产品、纺织品、日用消费品等劳动密集型产品价格低廉。因此，该时期中国对俄出口的主要产品为粮食、食品、轻工业产品、纺织品、日用消费品和家用电器等，中国自俄进口的主要产品为钢材、木材、化肥、电站设备、车辆机械设备和军工产品，原材料和半成品比例约占 40%。中俄贸易的互补性初步显现。①

① 陆南泉：《中俄经贸关系现状与前景》，中国社会科学出版社 2011 年版，第 136 页。

第二，易货贸易在当时促进了中俄经贸合作的发展。该时期，中俄两国均存在外汇短缺的现象，1992—1995 年，易货贸易是中俄两国经贸合作的主要方式，由中俄双方企业签订易货合同，相互供货，进出口自主平衡。

第三，两国政治关系平稳发展为经贸合作创造了条件。1989 年，戈尔巴乔夫访华，与邓小平举行会晤，提出："结束过去，开辟未来"，为两国关系翻开了崭新的一页，标志着中苏关系实现正常化。此次会晤期间，中苏两国共同发表《中苏联合公报》，《公报》中提出：中苏两国"将在互相尊重主权和领土完整、互不侵犯、互不干涉内政、平等互利、和平共处的国与国之间的普遍原则基础上发展相互关系"。① 苏联解体后，中俄双方就两国关系达成协议：中国承认俄罗斯作为苏联的继承国，是联合国安理会的常任理事国；双方确认和平共处五项原则为两国关系的基础；1989 年与 1991 年两国签署的《中苏联合公报》的基本原则，仍是中俄关系的指导原则，过去签署的条约与外交文件继续有效；中苏之间进行的边境地区相互裁减军事力量与加强军事领域信任措施的谈判和边界谈判继续进行下去。由此，实现了中苏关系到中俄关系的平稳过渡。1992 年 12 月，叶利钦总统访问中国，中俄双方共同发表了《关于中华人民共和国和俄罗斯联邦相互关系基础的联合声明》，声明中明确指出，要把两国关系提升到一个新的水平，并首次提出中俄两国互视为友好国家；双方以和平共处等原则及其他公认的国际法则发展睦邻友好和互利合作关系；双方强调，各国人民自由选择其国内发展道路的权利应得到尊重，社会制度和意识形态的差异，不应妨碍国家关系的正常发展；双方确认以和平方式解决两国之间的一切争端，不以任何方式使用武力或以武力相威胁；双方不同第三国联合反对对方或损害对方

① 《中苏联合公报》，中国网，2019 年 12 月 21 日，http：//www.china.com.cn/guoqing/2012－09/13/content_ 26747830.htm。

的利益，等等。①

1992—1993 年这一时期，中俄双方就在原有基础上进一步扩大经贸合作达成一致，俄方在承认与继承苏联时期与中国签署的各项经贸合作协议的基础上，与中国又签署了一系列经贸合作协议。

1991 年 12 月 27 日，中国对外经济贸易部部长李岚清访问俄罗斯，两国经贸部长就开展多渠道经贸合作达成协议，并提出建立中俄政府间经济、贸易和科技合作委员会。

1992 年 1 月 31 日，叶利钦总统在与李鹏总理的会晤中提出，俄罗斯对外经济部门应积极开展工作完成苏联时期与中国签订各项经贸协定，要求企业积极参与中国的经贸合作，提出在俄罗斯境内开辟经济特区，并在投资和税收上给予优惠，积极开展边境贸易。

1992 年 3 月，俄罗斯联邦对外经济联络部部长彼得·阿文访问中国，中俄双方签署了《中华人民共和国和俄罗斯联邦政府经济贸易关系协定》，该协定规定："双方在对进出口商品和与此有关的服务征收关税、其他税费，以及海关管理的规章和办理海关手续方面相互给予最惠国待遇；两国间的经济贸易活动将在合同基础上进行，合同将参照国际贸易惯例和国际市场现行价格签订；对合同的结算和支付将根据各自国家的有效法律以可自由兑换货币办理；根据两国的有效法律可进行其他形式的经济贸易活动，包括补偿和换货（易货）贸易。中国银行和俄罗斯联邦对外贸易银行必要时将商定对上述业务的结算和办理帐目的技术程序。"② 阿文还与中国中央军委副主席刘华清

---

① 《中华人民共和国和俄罗斯联邦相互关系基础的联合声明》，东方新闻网，2018 年 4 月 6 日，http：//news. eastday. com/epublish/gb/paper61/1/class006100005/hwz109730. htm。

② 《中华人民共和国政府和俄罗斯联邦政府关于经济贸易关系的协定》，2017 年 5 月 5 日，http：//m. law - lib. com/law/law_ view. asp？ id = 77176。

讨论了军事技术合作，并签订军技合作合同。

1992 年 12 月，叶利钦访华，在双方签署的《关于中华人民共和国和俄罗斯联邦相互关系基础的联合声明》中，也有开展经贸及人文合作的相关表述："双方愿在平等互利原则基础上保持和发展双边贸易领域中的合作；应为国家间协定和议定书范围内的贸易联系，包括边境地区在内的地区间以及企业、组织及企业家之间直接联系基础上的贸易联系创造有利条件；促进彼此在经济和金融领域的合作，大力加强双方的经济关系，包括下列对两国有重要意义的领域，即：农业、生物技术、能源、和平利用核能、包括核能安全、交通、基础设施、通讯、和平利用宇宙空间、军转民、零售贸易等；鼓励新的经济合作形式，尤其是在投资和兴办合资企业领域的合作，并为其创造良好条件；促进各自经济组织的高效经营活动，并为此尽可能广泛地交流经济信息，使之向两国实业界人士和学者开放；加强科技领域的合作，包括基础和应用科研及其成果推广，扩大科技信息交流，增加双方优先发展领域的合作项目，促进实施有第三国参加的共同计划；促进中国和俄罗斯组织、科研所、高等院校、科研生产联合体和公司间建立直接的科技联系；双方愿在环境保护领域加强合作，并在多边合作范围内加强协调一致的行动；促进并扩大文化、艺术、教育、信息、旅游和体育领域的相互联系，以及两国青年间的交流；鼓励两国文化组织间的直接联系和公民之间的接触。双方认为，相互教授两国语言和文学具有重大意义。双方将在培训文化干部、保护民族文化财富、翻译出版以及校际联系等方面进行合作。"①

叶利钦访华期间，中俄双方签署了 24 项合作协定，涉及经

① 《中华人民共和国和俄罗斯联邦相互关系基础的联合声明》，东方新闻网，2018 年 4 月 6 日，http：//news. eastday. com/epublish/gb/paper61/1/class006100005/hwz109730. htm。

贸及科技合作的方方面面，其中包括：建设核电站、火力发电站、界河水电站，交通运输，军事技术、军事装备和武器贸易，航空航天和飞机制造，文化与教育，边境贸易及建立合资企业等，这些重要文件的签署为中俄两国经贸合作奠定了法律基础。其中重要的协议包括：

1.《中华人民共和国政府和俄罗斯联邦政府1993年经济贸易合作议定书》。该协定规定，俄罗斯为中国的5个项目提供成套设备，这5个项目为：装机容量为60万千瓦的苏州火力发电站、100万千瓦的伊敏火力发电站、一百万千瓦的蓟县火力发电站、佳木斯造纸厂的改造和上海干式西郊装置。此外，俄方为中方航空技术设备提供大修服务，并提供航空器材和零配件等。按照议定书的规定，中方应向俄罗斯提供食品消费品和机械设备等产品。

2.《中华人民共和国政府和俄罗斯联邦政府关于在中国兴建核电站合作及俄罗斯联邦向中国提供国家贷款的协定》。根据协定规定，俄罗斯向中国提供国家贷款，以支付俄方提供设备和材料、制定文件、完成勘测、设计工作和承包工程的费用，其总额约25亿美元，其中10%是由中国按照设备的供应及劳务的提供情况以预付款的形式支付现金，90%是为期15年，年利率为4%的贷款。中方向俄罗斯提供相应的商品和劳务进行偿还。

3.《中华人民共和国政府和俄罗斯联邦政府关于中国向俄罗斯联邦提供商品和国家贷款的协定》。该笔贷款金额为1亿元人民币，约合2400万瑞士法郎，贷款期限为三年，年利率为4%，中方从1993年起向俄罗斯提供玉米和花生，俄方从1994年起向中国提供黑色金属轧材和经济用材。

4.《中华人民共和国政府和俄罗斯联邦政府关于中国向俄罗斯联邦提供商品的国家贷款的协定》。此项贷款为2亿人民币，约合 4800 万瑞士法郎。①

总体而言，该时期中俄经贸合作还处于初步发展阶段，仍存在一些问题，主要表现为：第一，贸易主体良莠不齐。俄罗斯经济严重下滑，居民收入减少，中国商品以价格优势快速涌入俄罗斯市场，但也有一些假冒伪劣商品以次充好，破坏了中国商品在俄罗斯民众心目中的形象。第二，市场秩序混乱，贸易规则不规范；第三，尽管经贸额增长速度较快，但经贸合作的基础尚未稳固。

（二）缓慢发展期（1994—1999 年）

1994 年，中俄双边贸易额大幅下滑至 50.8 亿美元，同比下降 34%，其中出口额为 15.8 亿美元，同比下降 41%，进口额为 35%，同比下降 30%。1994—1999 年，中俄双边贸易额波动较大，1994 年、1997 年和 1998 年分别下降 34%、11% 和 10%，1995 年、1996 年和 1999 年分别增长 8%、25% 和 4%，从规模上看，这一时期经贸额基本徘徊在 50 亿 60 亿美元的规模。1999 年，中俄双边贸易额为 57.2 亿美元，低于 1992 年 58.6 亿美元的水平。

表 2.1 1994—1999 年中俄双边贸易额

年份	出口		进口		进出口	
	亿美元	增长（%）	亿美元	增长（%）	亿美元	增长（%）
1994	15.8	-41	35.0	-30	50.8	-34
1995	16.6	5	38.0	9	54.6	8

① 转引自薛君度、陆南泉主编《中俄经贸关系》，中国社会科学出版社 1999 年版，第 102—104 页；《人民日报》，1992 年 12 月 18、19、20 日。

续表

年份	出口		进口		进出口	
	亿美元	增长（%）	亿美元	增长（%）	亿美元	增长（%）
1996	16.9	2	51.5	36	68.5	25
1997	20.3	20	40.8	-21	61.2	-11
1998	18.4	-9	36.4	-11	54.8	-10
1999	15.0	-19	42.2	16	57.2	4

资料来源：作者根据中国海关数据整理，http：//43.248.49.97/。

这一时期中俄贸易额增长缓慢的主要原因为：第一，俄罗斯经济下滑，经济规模萎缩，1997 年俄罗斯对外贸易总额为 1619.39 亿美元，是该时期俄罗斯对外贸易总额最高的一年，但这一数值仅为 1991 年的 69%。第二，俄罗斯营商环境较差。这一时期，俄罗斯国内局势尚不稳定，政策法规复杂多变，市场秩序混乱，导致一些企业和贸易公司受骗，甚至破产倒闭，因此，许多中国企业退出俄罗斯市场。1992—1993 年期间中国一些假冒伪劣商品流入俄罗斯市场也导致中国商品形象受损，对双边贸易造成不良影响。第三，随着西方及其他国家逐步进入俄罗斯市场，中国商品面临更大竞争。俄罗斯在市场经济体制的改革中实行了全面的对外开放政策，随着对外经贸体制改革的逐步深化，俄罗斯进口更趋多元化。该时期俄罗斯通过大量出口能源和原材料产品，在国际市场上换取外汇，消费品进口渠道也逐渐多元化。西方国家的商品价格虽然较高，但质量往往也优于中国商品。中国商品在俄罗斯市场上面临的竞争更加激烈。第四，规范贸易秩序的短期影响。1994 年起，俄罗斯开始限制易货贸易，减少易货贸易的税收优惠，并对化肥、钢材等大宗商品的对华出口实行许可证制度。此外，为整顿边境贸易秩序，中俄双方决定实行签证制度。这些限制措施在该时期对两国贸易规模的扩大起到了一定的消极作用。第五，该时期俄罗斯一些媒体和官员宣扬的“中国威胁论”盛行一时，对两国经贸关系也造成了严重的负面影响。

尽管中俄双边贸易额出现下降，贸易往来中也存在诸多困难，但该时期中俄双方政治关系稳步发展，双方高层领导对经贸合作的重视程度并未下降，经贸合作的法律基础逐渐稳固，合作机制日益完善，合作的领域也不断扩大。

1994 年，中俄两国高层领导频繁互访。1 月 27—29 日，俄罗斯外长科济列夫访华，5 月 14—18 日俄罗斯国家杜马主席雷布金访华，5 月 25—29 日俄罗斯总理切尔诺梅尔金访华，6 月 27—29 日中国副总理兼外长钱其琛访俄，7 月 11—16 日国防部长迟浩田访俄，9 月 2—6 日中国国家主席江泽民对俄罗斯进行国事访问。

在 5 月切尔诺梅尔金总理访华期间，会谈对两国在经贸和科技领域所取得的成果予以积极评价，对经贸合作中的主要问题进行探讨，并达成一系列重要共识，会晤期间中俄双方共同发表了《新闻公报》。公报中指出："中俄两国经贸合作有着巨大的发展潜力，双方愿意充分利用两国作为邻国的地缘优势和经济互补性，在平等互利的基础上大力发展和扩大合作，使之达到与睦邻友好关系和两国经济潜力相适应的更高水平；双方愿意参加包括建设欧亚大陆桥在内的双边和多边经济合作；双方重申，将在遵守国际义务的条件下继续加强两国军事技术合作；边境和地区间经济合作是中俄经贸合作的重要组成部分，双方将进一步完善有关法律基础，促进边境和地区间贸易往来，加强共同经营、投资合作和其他形式的经济联系。"

1994 年 9 月 2—6 日，江泽民主席访俄，与叶利钦总统举行了最高级会晤，并签署《中俄联合声明》。在声明中提出在经贸和科技方面，中俄两国将"最大限度地利用地缘优势和经济的互补性的优势。坚持平等互利的原则，逐步实现向符合国际规范的经济关系形式的过渡，优先考虑发展法律、财政信贷、交通和信息方面的合作；积极探讨经贸合作有前景的新领域，制定并实施科技领域的长期合作规划；提高合作档次和质量，根据需要和可能，增加重大项目合作比重；完善对外经济立法，实现商业活动规范化；采取措施更积极地发展中俄两国地区之间的合作。”①

1995 年 6 月 25—28 日，李鹏总理应邀访问俄罗斯，并与俄罗斯总理切尔诺梅尔金举行了会谈，发展中俄在经贸和科技领域的合作问题在此次会谈中占有重要地位。会谈期间，两国总理共同发表了《中俄联合声明》。声明中指出：“双方积极评价两国在这些领域所取得的成果，愿意坚定不移地提高两国经贸关系巨大潜力的利用效益，并更加努力使这一合作过渡到与中俄伙伴关系和两国经济潜力完全相适应的崭新阶段。双方一致表示，当前的首要任务是更积极地在双边合作的实践中采用现代方式，完善结算支付关系，改善保障经贸合作的基础设施。双方愿在 1990 年签署的关于鼓励和保护投资的政府间协议的基础上促进相互投资。双方强调，必须考虑到两国改革所带来的变化和国际规范，尽快制定出面向长期伙伴关系的边境地区合作的新模式。”“双方同意采取措施，深化在生产和科技等具体项目的合作，包括能源、机器制造、航空航天、农业、交通、研制和应用高新技术领域的合作。双方同意将继续就建设核电站的有关问题进行积极商谈与合作，由两个公司直接接触，双方就军技合作问题进行了讨论，并确定了在互利和考虑两国国际义务的基础上进一步开展这一领域合作的主要方面。”“根据俄方要求，中方同意俄方延期偿还中国于 1990 年和 1991 年向原苏联提供的政府商品贷款，具体事宜将责成双方有关部门另行磋商。双方还商定了中俄贷款方面其他问题的解决途径。”“双方满意地指出，对于必须整顿双方人员往来、劳务输出情况

---

① 《中俄联合声明》，1994 年 9 月 3 日，http：//www.cctv.com/special/903/6/70503.html。

的必要性及两国护法机关为此进行更密切合作的重要性存在共识，双方将采取措施，增设在对方国家的领事机构。”访问期间，中俄双方还签署了《中华人民共和国和俄罗斯联邦引渡条约》《中华人民共和国政府和俄罗斯联邦政府关于共同建设黑河——布拉戈维申斯克黑龙江（阿穆尔河）界河大桥的协定》《中华人民共和国政府和俄罗斯联邦政府关于森林防火联防协定》《中华人民共和国政府和俄罗斯联邦政府关于相互承认学历、学位证书的协议》《中华人民共和国政府和俄罗斯联邦政府关于植物检疫和植物保护协定》《中华人民共和国政府和俄罗斯联邦政府关于在信息化领域合作的协议》《中华人民共和国机械工业部与俄罗斯联邦机械工业委员会建立和发展合作关系的协议》等文件。①

1996 年 4 月 24—26 日俄罗斯总统叶利钦对中国进行国事访问，江泽民主席与叶利钦总统举行会晤，并发表《中俄联合声明》。② 声明就双边关系、国际和平与发展、亚太安全与合作等问题达成共识。声明中提出：“应保持各个级别、各种渠道的经常对话，两国领导人之间的高级、最高级接触和协商具有特别重要的意义，并决定为此在北京和莫斯科建立中俄政府间的热线电话联系。”。就双边经贸合作问题，声明中提到：“双方愿意就各自国家的社会经济发展情况经常交流经验和信息。”“双方对 1994 年出现的两国贸易额减少的情况得以克服并正在逐步增加表示满意，并将采取有力措施，利用两国地缘相近和经济互补的独特优势，进一步扩大和发展双边贸易合作。”“随着两国

① 《中俄联合公报》，1995 年 6 月 26 日，《中华人民共和国国务院公报》1995 年第 16 号（总号：797），http：//www. gov. cn/zhengce/2011 - 11/09/content_ 2619447. htm。

② 《中俄联合声明》，1996 年 4 月 25 日，《中华人民共和国国务院公报》1996 年第 13 号（总号：827），http：//www. gov. cn/zhengce/2011 - 11/09/content_ 2619448. htm。

经济体制和外贸体制改革的深入，双方将在平等互利、符合国际贸易惯例的基础上，进一步发展以现汇贸易为主、多种形式并举的贸易和经济技术合作。两国政府将为经济合作的主体，首先是信誉良好和经济实力强的大、中型企业和公司，开展相互合作，创造有利的条件，提供必要的支持。”“双方将注重生产和科技领域重大项目地合作，认为这是提高双边合作的水平和档次的重要途径之一。双方认为，能源、机器制造、航空、航天、农业、交通、高科技应成为重大项目合作的优先领域。双方将根据自己的潜力，在开发保障各个领域科技进步中有所突破的新技术方面相互协作，以利于两国人民并造福于国际社会。”叶利钦总统访华期间，两国元首还提出到2000年将中俄双边贸易额提高到200亿美元的目标。

1996年12月26—28日，李鹏总理对俄罗斯进行工作访问，两国总理就进一步加强两国各个领域的合作举行了富有成果的会谈。两国总理认为，中俄建立平等信任的、面向21世纪的战略协作伙伴关系符合两国人民的根本利益，顺应世界和平与发展的时代潮流，有利于促进世界局势和国际关系的健康发展，有利于多极化世界的形成。此次会晤中，中俄双方决定建立中俄总理定期会晤机制，为协调这一机制的工作，设立政府首脑定期会晤委员会，中华人民共和国国务院副总理李岚清和俄罗斯联邦政府第一副总理博利沙科夫分别担任委员会中方和俄方主席。在该委员会框架内常设经贸和科技合作分委会、能源合作分委会和运输合作分委会。此后可视需要经相互协商增设新的分委会或工作小组。此次会晤期间，中俄双方签署《中俄联合公报》。公报指出：“两国政府首脑确认了不久前在北京举行的经贸和科技合作委员会会议达成的协议，商谈了两国军技交流问题，指出进一步加强两国在能源、机械制造业、航空和航天工业、运输业、农业和高科技等领域重大项目的合作具有重要意义，认为在双方的共同努力下，未来几年内将中俄贸易总额提高到200亿美元是适宜的。”① 为达成这一目标，两国总理商讨了进一步加强经贸合作的措施，并提出争取在1997年将两国贸易额先提高到100亿美元。

1997年4月22—26日，江泽民主席对俄罗斯进行国事访问，两国元首签署《中华人民共和国和俄罗斯联邦关于世界多极化和建立国际新秩序的联合声明》。声明中第二条强调了中俄两国在国际经济关系中所秉持的基本原则：“要排除经济关系中的歧视性政策和做法，在平等互利基础上加强和扩大经贸、科技、人文的交流与合作，促进共同发展和繁荣。”②

1997年6月26—28日，俄罗斯总理切尔诺梅尔金访华，两国总理在北京举行第二次定期会晤。在会谈时李鹏总理谈道：“进一步拓宽和深化经贸、科技等方面的合作，是建设和发展两国面向21世纪的战略协作伙伴关系的物质基础。为此，各个分委会需要继续作出不懈的努力，扎扎实实地高效地开展工作。”切尔诺梅尔金总理表示：“中俄两国经济互补性很强，发展经贸合作符合两国的利益和需要。要充分利用合作的有利条件，不断拓宽合作领域，取得实际成果。”此次会晤中，两国总理正式签订了《中华人民共和国政府和俄罗斯联邦政府关于建立中俄总理定期会晤机制及其组织原则的协定》。根据该协定，两国总理的会晤每年不少于一次，在中俄两国轮流举行，以便协调两国在经贸、科技、能源、运输、核能和其他方

① 《中俄联合公报》，1996年12月28日，《中华人民共和国国务院公报》1996年第38号（总号：852），http://www.gov.cn/zhengce/2011-11/09/content_2619449.htmhttp://www.gov.cn/zhengce/2011-11/09/content_2619448.htm。

② 《中华人民共和国和俄罗斯联邦关于世界多极化和建立国际新秩序的联合声明》，1997年4月23日，《中华人民共和国国务院公报》1997年第15号（总号：867），http://www.gov.cn/zhengce/2011-11/09/content_2619449.htm。

面的合作。[①] 在经贸合作领域，双方还签署了多项重要文件：《中华人民共和国政府和俄罗斯联邦政府1997—2000年贸易协定》《中华人民共和国政府和俄罗斯联邦政府1997年经贸合作议定书》《中俄边境和地方合作协调委员会的谅解备忘录》《关于在俄罗斯建立经济技术开发区问题的谅解备忘录》《关于成立中俄机械制造企业工商联合会的合作协议》《关于组织实施石油天然气领域合作项目的协议》等。

1997年11月9—11日，叶利钦总统对中国进行国事访问，双方一致表示将中俄战略协作伙伴关系全面推向21世纪，并正式宣布中俄东段国界勘界工作已经全部完成。就经贸合作问题，两国元首强调，中俄经贸关系已具备良好的基础，总理定期会晤委员会对促进经贸等各领域合作发挥了良好的作用，应继续发挥两国各自的巨大潜力和优势，扩大经贸合作成果。此次会晤中，中俄两国元首共同发表《中俄联合声明》，声明中用了很大篇幅阐述两国经贸合作的发展方向。具体内容为："两国领导人认为，经过共同努力，中俄经贸投资科技和人文领域互利合作的条约法律基础和组织机构业已建立。有鉴于此，两国元首指示中俄各部委、企业和单位采取有效措施，以实际内容充实已达成的协议。""双方认为，在平等互利和谋求实现进出口平衡的基础上，根据两国目前的市场状况，加强下列各领域的双边合作具有巨大潜力：1. 天然气、石油、核能、能源设备生产和更新换代领域的大型合作项目。民用航空、机械制造、和平利用宇宙空间、化学、冶金、森林工业、矿产资源开采及加工、轻纺、家电、电子、食品工业、生产技术和设备等领域的合作。2. 银行、保险、仲裁领域的合作；提高相互提供商品的质量；有效保护知识产权和两国法人和自然人的其他合法权益；发展

---

① 陆南泉：《中俄经贸关系现状与前景》，中国社会科学出版社2011年版，第140页。

有关中俄两国市场多层次的、可靠的双边信息系统；采取步骤合理调整居民的劳务输出，建立其他被经贸领域服务的机制。3. 促进江高新技术投入生产领域和基础研究领域的科技合作。4. 在运输和通讯领域落实具有双边意义以及地区和全球意义的大型长期合作项目。5. 鼓励相互投资，建立合资企业，根据各自国家有关法律和两国现行规章制度兴办经济技术开发区和边境互市贸易区，促进地区特别是边境地区之间在长期协调基础上发展经贸合作。6. 发展军技领域的关系是双边合作的一个重要组成部分。在这方面，双方严格遵循联合国宪章和各自承担的国际义务，促进维护地区及全球安全与稳定。中俄军技合作不针对第三国。7. 扩大文化、教育领域的人文交流与联系，这对加强中俄两国人民之间的友谊和相互了解具有重要意义。8. 在保护和改善环境状况、共同防止跨界污染、合理和节约利用自然资源（包括跨界水资源）方面的合作。9. 加强司法机关的合作，包括共同努力打击跨国犯罪。"① 除《中俄联合声明》之外，此次会晤还签署了《共同经济利用边界河流的个别岛屿及其附近水域的指导原则协定》《俄罗斯联邦各主体政府和中国地方人民政府合作原则协定》《俄中经济和科技合作基本方针谅解备忘录》《从俄联邦东西伯利亚地区铺设天然气管道和开发科维克京斯克凝析油田备忘录》等重要文件。

1998 年 2 月 17—19 日，中俄两国总理在莫斯科举行第三次定期会晤，会晤期间两国总理共同发布《中俄联合公报》，公报指出："双方高度评价中俄总理定期会晤机制，对推动两国关系发展的积极作用，决心认真落实在大中型长期项目上的合作，使双边经贸合作达到与两国经济潜力完全相符的新水

① 《中俄联合声明》，1997 年 11 月 10 日，《中华人民共和国国务院公报》1997 年第 34 号（总号：886），http://www.gov.cn/zhengce/2011-11/09/content_2619449.htm。

平。”“中俄领导人强调，经贸合作的发展在中俄关系中占有至关重要的地位。双方满意地指出，最近一段时间在该领域取得了以下成果：1996 年 12 月 29 日签署了关于在中国江苏省建设连云港核电站的总合同。1997 年下半年，中国石油天然气总公司与俄有关油气企业积极开展合作，签署了若干个协议。”此次会晤期间，双方签署了以下文件：《中华人民共和国政府和俄罗斯联邦政府关于在高速船建造领域进行合作的协议》《中华人民共和国政府和俄罗斯联邦政府关于解决政府贷款债务的协定》《中华人民共和国政府和俄罗斯联邦政府 1998 年经贸合作议定书》《中华人民共和国政府和俄罗斯联邦政府关于简化俄罗斯公民进入中俄边境互市贸易区中方一侧手续的换文》《中华人民共和国政府和俄罗斯联邦政府关于开设中俄边界珲春（中国）——马哈林诺（俄罗斯）的国际铁路客货运输口岸的换文》。①

1998 年 11 月 22—25 日，江泽民主席访问俄罗斯，与叶利钦总统举行高级会晤。会晤期间中俄双方签署《世纪之交的中俄关系》和《关于中俄边界问题的联合声明》。在《世纪之交的中俄关系》中有关经贸关系的表述为：“世纪之交，世界经济的全球化和区域化正在成为决定世界经济状况的重要因素。中俄支持并积极参与这一进程。同时，各国经济相互依赖已发展到了必须将保护主权国家的经济安全列为最迫切的问题的阶段。因此，尤为重要的是必须在经贸关系中恪守平等互利和地区开放原则，消除国际贸易中各种形式的歧视，摒弃利用货币金融杠杆将有损于某国合法民族利益的政治经济条件强加于人的企图。一系列地区和国家出现金融危机的教训证明，困难时

① 《人民日报》，1998 年 2 月 19 日，http：//data. people. com. cn/rmrb/19980219/1。

期应该相互支持，同舟共济，而不应接机谋取私利。”①

1999 年 2 月 24—27 日，朱镕基总理对俄罗斯进行正式访问，两国总理举行第四次定期会晤。中俄双方签署了 16 项协议，涉及经贸、科技、能源、交通及地方合作等领域，其中包括：《中国欧洲商业开发投资管理中心与俄罗斯玛拉有限股份公司关于新阿尔巴特街 21 号房地产买卖合同》《欧洲商业开发投资管理中心与 C（&）T 股份有限公司关于新村街 4 号房地产买卖合同》《中国 TCL 集团有限公司与俄罗斯莫斯科红宝石电视机厂关于彩电散件组装协议》《中国 TCL 集团与俄罗斯量子电视机厂关于彩电散件组装协议》《中国春兰集团和俄罗斯能源公司、机械制造厂合资意向书》《关于铺设从伊尔库茨克州科维克京斯克气田到中国的输气管道的技术经济依据总协定》《关于增加从东西伯利亚向中国出口电能的框架协议》《关于成立电视机组装厂和空调组装厂的协定》《俄罗斯统一电力公司与中国国家能源公司签署的电力合作协议》，以及 4 个省州作为结对合作伙伴的地方合作协议，合作对象分别是辽宁省和巴什基尔、吉林省和滨海边疆区、上海市和阿穆尔州以及新疆维吾尔自治区和阿尔泰边疆区。

1999 年 12 月 9—10 日，俄罗斯总统叶利钦访华，举行中俄两国元首第二次非正式会晤。两国元首共同发表了《中俄联合声明》和《联合新闻公报》。在《中俄联合声明》中涉及中俄两国加入世贸组织原则的相关表述：“中俄对在世界贸易体系中拥有平等地位条件下加入世界贸易组织十分重视。这也完全符合该组织所有成员方的利益。目前，中俄入世谈判进程已进入关键阶段。双方认为，世界贸易组织应该更具普遍代表性，必

① 《世纪之交的中俄关系》，1998 年 11 月 23 日，《中华人民共和国国务院公报》1998 年第 31 号（总号：923），http：//www. gov. cn/zhengce/2011 -11/09/content_ 2619450. htm。

须保持加入方权利和义务的平衡，并考虑其社会经济发展水平。”在《联合新闻公报》中指出：“江泽民主席和叶利钦总统积极评价1999年2月在莫斯科举行的中俄总理第四次定期会晤达成协议的落实情况。双方商定将于2000年上半年在北京举行两国总理第五次定期会晤，两国总理谈判时将优先考虑加快油气等领域合作项目的工作，扩大两国在高新技术、运输、民用航空技术和通讯领域的相互协作，探讨具体措施推动双方在机械制造、电子、轻工、纺织、森林资源开发和利用、家用电器生产方面的合作。双方满意地指出，中俄合作的最大项目江苏田湾核电站已于1999年10月顺利开工。双方重申，中华人民共和国地方和俄罗斯联邦主体之间建立直接经济联系具有重要意义，有助于更充分地发挥两国经贸合作的潜力。双方将鼓励更多的地区参与两国地区间，包括边境地区间的合作。双方认为，必须在环境保护和合理利用跨界水体、林地、太平洋北部水域和黑龙江流域渔业资源，以及在保护稀有植物和动物种群领域加强合作，制定具体的共同行动计划。双方同意，对中俄之间跨界水体，包括流经第三国的河流水资源的利用应考虑水体流经国家的利益。”

通过对1994—1999年两国签署的《中俄联合声明》《中俄联合公报》《联合新闻公报》及相关合作协议等文件的梳理，可以看出，受各种因素影响，尽管经贸额停滞不前，然而该时期中俄两国经贸合作发展中仍有一些积极进展：第一，经贸合作的机制已经建立并逐渐完善；第二，经贸合作的领域逐渐扩展，从初期的经贸、科技、军技等领域逐渐扩展到能源、交通、航空航天、机械制造、轻工、纺织、农业、林业、渔业、水资源等领域；第三，在两国政府的主导下，由大型国有企业牵头进行大项目合作，逐渐形成“政府主导，大项目推动”的合作模式；第四，边境贸易在该时期两国双边贸易中仍占重要地位，两国政府高度重视边境贸易，积极推动两国边境人民的民间交往，为边境贸易的开展创造有利条件；第五，整顿市场秩序、规范贸易行为的措施虽然在短时期内造成了经贸额下降，但从长期看对深化两国经贸合作具有积极的意义。

（三）快速发展期（2000—2011 年）

2000—2011 年，该时期双边贸易额持续快速增长，除 2009 年经济危机出现负增长（下降 -31.8%），2002 年、2006 年和 2008 年三个年份增长率低于 20% 之外，① 其他年份贸易额增长率均在 30% 以上。② 2000 年中俄双边贸易额仅为 80 亿美元，2011 年中俄双边贸易额达到 792.5 亿美元，几乎是 2000 年的 10 倍，年均增速约为 27%。

该时期中俄经贸合作能够快速发展主要得益于以下几方面因素：第一，俄罗斯逐渐走出转型性经济危机，宏观经济环境趋好；第二，两国发展经贸合作的制度环境有所改善，缓慢发展期建立起的合作机制及陆续出台的规范贸易秩序的措施为该时期经贸合作快速发展奠定了良好基础；第三，中俄两国政治关系进一步发展；第四，两国领导人对经贸合作高度重视，为经贸合作的深化发展起到战略引领和顶层设计的作用。前三个方面的因素本书第一章已做具体论述，下文将对该时期中俄双方签署的重要官方文件及经贸合作协议进行梳理。

普京执政后，在对华关系方面继续沿着叶利钦时期的战略协作伙伴关系方向平稳发展的同时，考虑到为了尽快摆脱经济危机和恢复俄罗斯的强国地位，因此，他的对华政策具有务实

① 2002 年中俄双边贸易额增长 11.8%，2006 年增长 14.7%，2008 年增长 18%。

② 2000 年中俄双边贸易额增长 39.9%，2001 年增长 33.3%，2003 年增长 32.1%，2004 年增长 34.7%，2005 年增长 37.1%，2007 年增长 44.3%，2010 年增长 43.1%，2011 年增长 42.7%。

性和转向以经济利益为中心的特点。普京强调，俄罗斯的对外政策要为国家经济利益服务。可以说，叶利钦时期，中俄两国构建的战略协作伙伴关系主要体现在政治、军事和外交方面，经济合作一直是薄弱环节。普京总统上台后，随着俄罗斯经济形势的恢复，经贸合作在两国关系中的地位日益重要，逐渐成为战略协作伙伴关系的核心内容。

2000 年 7 月俄罗斯公布了《俄罗斯外交政策构想》，其中对俄罗斯与中国关系的表述为："俄罗斯与中国对国际政治的关键问题原则性态度是一致的，双方在维护地区稳定和全球稳定的各个方面互利合作，主要任务仍然是进行与政治水平相符合的大规模的经济合作。"7 月 13 日，俄罗斯《独立报》指出，普京亚洲之行将面临三大任务：一是如何处理好与北京在反对 NMD 计划中的关系；二是朝鲜问题；第三个问题可能不太引人注意，但可能是一个最为重要的问题，那就是中俄贸易。

2000 年 11 月 3—4 日，俄罗斯总理卡西亚诺夫访华，期间中俄两国总理举行了第五次定期会晤，双方一致认为，中俄总理定期会晤机制对两国经贸合作的发展已经并将继续发挥重要作用。两国总理积极评价 1999 年 2 月莫斯科中俄总理第四次定期会晤以来总理定期会晤机制下各分委会的工作。两国总理指出，双方在落实中俄总理第四次定期会晤就林业合作、在莫斯科开设中国超市、中俄地区间建立和发展直接经贸往来，以及核能、油气大项目立项和实施等领域达成的协议取得了一定进展，强调签署和切实执行互免团体旅游签证和公民往来协定对规范两国间大量的公民往来创造了条件。在两国总理共同签署的《中俄总理第五次定期会晤联合公报》中指出："两国政府同意继续在以下主要方面进一步发展两国经济合作：完善金融、银行、保险、广告信息、法律仲裁、运输等领域的相互协作；中俄有关国家部门积极支持两国在核能、油气、航天及其它领域大型合作项目的立项和实施；继续促进两国地区间直接经贸、科技往来；促进中俄两国信誉较高的大企业和大公司建立直接的长期合作关系。”① 在此次会晤中，两国总理签署了13份文件，其中《中俄总理定期会晤位于安徽第四次会议纪要》《中华人民共和国政府和俄罗斯联邦政府关于建立两国总理直通保密电话通讯线路的协定》《关于1997年6月27日中华人民共和国政府和俄罗斯联邦政府关于建立中俄总理定期会晤机制及其组织原则的协定的议定书》《中华人民共和国政府和俄罗斯联邦政府关于中华人民共和国公民和俄罗斯联邦公民短期劳务协定》《中华人民共和国政府和俄罗斯联邦政府关于共同开发森林资源合作的协定》《中华人民共和国政府和俄罗斯联邦政府2001—2005年政府间贸易协定》《中华人民共和国国土资源部和俄罗斯联邦自然资源部关于开展地学和矿产资源利用科技合作的协定》《中华人民共和国国家税务总局和俄罗斯联邦税务部相互谅解备忘录》《中国国家开发银行和俄联邦“苏联外经银行”合作协议》《中华人民共和国国家质量监督局与俄罗斯联邦国家标准化和计量委员会关于在标准化、计量、合格评定、认可和产品质量管理领域的合作协议》《中华人民共和国江苏核电有限公司与俄罗斯联邦财政部在根据1992年12月18日签订的〈中华人民共和国政府和俄罗斯联邦政府关于在中国合作建设核电站和俄罗斯向中国提供政府贷款的协议〉建造田湾核电站中中方为俄罗斯长制造周期设备制造提供支持的协议》《关于韩国天然气公司加入筹备铺设从俄罗斯伊尔库茨克州科维克金凝析气田到中国和韩国输送天然气管道和开发科维克金凝析气田可行性研究的协议》等。这些文件基本都与经贸合作相关，这充分显示了中俄两国政府对加强经贸合作的积极态度。

① 《中俄总理第五次定期会晤联合公报》，2000年11月3日，《中华人民共和国国务院公报》2000年第6号，http://www.gov.cn/gongbao/content/2001/content_61285.htm。

2001年7月16日，中俄两国元首在莫斯科签署了《中俄睦邻友好合作条约》，该条约的签署为双方经贸合作奠定了政治和法律基础，《条约》第16条明确指出："缔约双方将在互利的基础上开展经贸、军技、科技、能源、运输、金融、航天航空、信息技术及其他双方共同感兴趣领域的合作，促进两国边境和地方间经贸合作的发展，并根据本国法律为此创造必要的良好条件。"此次元首会晤期间，中俄双方还签署《中俄元首莫斯科联合声明》，针对经贸合作问题，两国元首认为："切实落实在经贸、科技及其它领域达成的协议，将不断充实中俄平等信任的战略协作伙伴关系的物质基础。为提高经贸和科技领域的合作水平，双方将积极推动以下领域的合作：油气、高科技领域的大型合作项目；俄企业参与中国西部开发；核能、电力和能源机械制造、电信、信息产业、提供和联合生产民用飞机、船舶制造领域；和平开发宇宙空间；中国大型企业参与对俄罗斯森林资源开发、交通基础设施、生产合作等领域的投资；环保领域等。中俄元首表示，将共同努力，为经贸合作创造良好条件，完善银行相互结算机制，包括两国银行间的直接相互结算，改善融资服务质量，提高中俄商业仲裁机制的效率，为经济联系提供信息保障。"①

2001年9月7—12日，中国总理朱镕基与俄罗斯总理卡西亚诺夫在圣彼得堡举行第六次总理定期会晤，此次会晤的联合公报中提出了进一步开展两国经贸合作工作的主要方向，与上年相比，合作的主要方向从四条增加为十四条。根据《中俄总理第六次会晤联合公报》，应按以下方向进一步开展两国经贸合作工作：(一) 确保双边贸易持续增长；通过实现相互供货多样化及采用新的、先进的贸易形式和方法来达到贸易平衡；通过提高机械和

① 《中俄元首莫斯科声明》2001年7月16日，《中华人民共和国国务院公报》2001年第25号，http://www.gov.cn/gongbao/content/2001/content_60960.htm。

高科技产品的比重优化贸易结构；增加相互投资；完善两国企业合作的法律和其他条件。（二）实施中俄石油管道建设项目并于2005年投入运营；继续开展天然气领域的相互协作，包括建设天然气管道和俄罗斯参与发展中国的天然气工业；支持两国公司合作勘探开发俄罗斯境内油气田以及中方参与俄境内油气田的开发；继续支持两国公司开展石油贸易。（三）扩大动力机械制造和能源设施建设领域的合作，并在动力设备的研制和生产方面开展合作。（四）在航天领域，包括卫星及其应用技术、空间科学及相关技术、基础元器件及工艺技术等方面开展深入、实际的合作，以和平研究并开发宇宙空间。（五）积极开展民用航空领域的相互合作，包括促进航空安全，向中国销售新一代俄产飞机；就中方投资俄航空工业问题进行商讨。（六）缔结两国政府部门间有关民用航空技术研究和生产领域进行长期合作的协议，并就实施该协议建立政府部门间联合机制。（七）继续进行和平利用核能领域的合作，包括进一步加强核电和核燃料循环方面的合作。（八）继续扩大科技合作；共同开发高新技术并使其成果产业化，包括利用两国有关的科技园进行上述工作。（九）鼓励进一步扩大地区，特别是边境地区的直接经贸联系，完善边境地区交通运输和口岸设施的工作。（十）通过实施大型投资项目，发展两国森林资源开发和利用领域的合作。（十一）进一步发展交通基础设施，在协调发展亚欧之间的交通干线方面开展合作。（十二）扩大和完善银行间合作，提高银行对经贸和科技联系的服务水平。（十三）在协调移民进程方面开展相互协作，包括研究建立联合工作机构的可能性。（十四）积极开展环保领域，首先是边境地区环保领域的相互协作。① 会晤期间两国总理签署了9

① 《中俄总理第六次会晤联合公报》2001年9月8日，《中华人民共和国国务院公报》2001年第31号，http://www.gov.cn/gongbao/content/2001/content_61132.htm。

份重要文件:《中俄总理第六次定期会晤联合公报》《中俄总理定期会晤委员会第五次会议纪要》《关于1997年6月27日〈中华人民共和国政府和俄罗斯联邦政府关于建立中俄总理定期会晤机制及其组织原则的协定〉的议定书》《中俄总理定期会晤委员会通信与信息技术分委会条例》《中华人民共和国政府和俄罗斯联邦政府关于促进航空安全的协议》《中俄关于共同开展铺设俄罗斯至中国原油管道项目可行性研究工作的总协议》《中国航空器材进出口总公司与俄罗斯航空出口公司关于购买五架俄制图204—120型飞机的合同》《中国外经贸部和俄罗斯经贸部关于相互提供2001—2002年中俄相互供货指导性清单的换文》《关于成立中俄化肥生产和进出口商联合会的协议》。

从《联合声明》《联合公报》及签署协议的内容可以看出,进入21世纪以来,中俄经济合作的领域大大拓展,各领域合作工作的内容也逐步细化、具体化。

2002年8月21—23日,俄罗斯总理卡西亚诺夫对华进行正式访问,并出席在上海举行的中俄总理第七次定期会晤。两国总理一致认为,《中俄睦邻友好合作条约》的签署为两国进一步拓展经贸合作作出了重要贡献。在双方共同努力下,中俄贸易额连续三年保持增长,中俄经贸合作日益多元化,在高科技、能源、自然资源开发、核能、金融、运输、航空航天、生态、通信和信息技术等领域的相互协作在扩大和深化。双方决定在现有的教育、文化、卫生、体育四个合作分委会基础上,将旅游合作小组提升为旅游合作分委会,并增设电影合作和媒体合作两个工作小组。两国总理还指出了未来一段时期经贸合作中应着重解决的问题:(一)在为传统商品贸易保障良好条件的同时,通过提高其中高科技、机电产品及其他高附加值商品的份额改善商品贸易结构,发展先进形式的经济联系,以保障其长期稳定的基础,加大经济技术和投资合作力度,包括建立合资企业、生产合作、转让技术等,完善贸易服务体系,加强有关使贸易制度符合国际规范的法律、行政、管理等工作。（二）考虑到俄罗斯联邦西伯利亚和远东地区巨大的能源潜力，以及中国对能源日益增长的需求，双方将致力于发展能源领域的互利合作。为此，为保障油气供应的长期性和稳定性，双方将协调实施有前景的能源项目。为及时落实中俄石油管道项目，双方认为国家主管机构必须加快对项目进行审批，以便经批准后根据项目可研总协议将该项目转入初步设计阶段。双方将为实施中俄石油管道项目创造有利条件。双方全面支持两国公司实施对开展中俄天然气工业领域合作具有战略意义的西气东输管道项目的合作。（三）继续积极推进和平利用核能领域的相互协作，包括开展核电站和核燃料循环方面的合作，开展和深化核技术、核安全及其他方向上的合作。（四）在平等互利的基础上，加强双方铁路、公路、航空、水运、口岸管理等部门的协调，继续深化两国运输领域的合作。（五）积极开展两国在科技领域的合作，促进两国科研机构的接触和伙伴关系。鉴于高新技术成果的开发及其产业化是经济技术合作中有前景的方向，双方将大力协助联合技术创新机构（科技园区）的建立和发展。双方认为，向科技和创新合作伙伴提供法律支持具有重要意义，将继续完善有关法律法规基础。（六）双方赞扬航天分委会所发挥的作用、为促进中俄航天合作所做的工作，以及签署的2002—2003年度合作计划的有关技术任务书和合同。双方将共同努力，落实已确定的优先合作项目，尽快完成已签署的合同的内部审批程序，开始研究未来新的合作项目，并在财政、技术和商务方面提供便利和支持，以加快合作进程。（七）扩大两国央行之间和商业银行之间的业务交流与合作，为双方对外经济联系各领域的合作开展金融服务。（八）在平等互利、对等开放的原则下，为两国信息通信领域的合作创造良好条件，并为俄移动通讯运营商进入中国电信服务市场提供支持。（九）在中国国防科学技术工业委员会与俄航空航天局2002年4月17日签署的协定框架内，开始着手编制《在制造、生产和提供有前景的航空技术领域的合作大纲》。① 中俄经贸合作在各领域全面铺开对金融领域的合作提出了更高要求。此次会议期间，除联合公报和会议纪要之外，中俄双方还签署了《中国人民银行与俄罗斯联邦中央银行关于边境地区贸易的银行结算协定》和《中国工商银行向俄罗斯对外贸易银行提供2亿美元出口买方信贷框架协议》两项金融合作协议。

2001年12月11日中国正式加入世界贸易组织，在2002年的中俄元首会晤中，两国元首在谈到经贸合作问题时，除经贸合作的重点方向和原则等问题之外，还谈到了中俄就俄罗斯加入世贸组织开展双边谈判的内容。此次签署的《中俄联合声明》中指出："双方指出，为使经贸关系在稳定和可预见的环境中发展，必须采取积极措施，扩大贸易规模，通过提高其中高技术、机电产品以及其他高附加值商品的份额，改善商品结构；为两国商品、服务和投资进入对方市场创造有利条件；加大经济技术和投资合作力度，包括建立合资企业、生产合作、技术转让；完善贸易服务体系，包括加强银行结算、信贷、保险领域的合作；加强有关使贸易制度符合国际规范的法律、行政、管理等工作；加强中小企业联系。双方将力争在双边经贸关系整体发展和质量提高方面取得突破性进展。考虑到能源合作对双方的重大意义，两国元首认为，保证已达成协议的中俄原油和天然气管道合作项目按期实施，并协调落实有前景的能源项目，对确保油气的长期稳定供应至关重要。双方同意，俄罗斯加入世界贸易组织，对其作为世界经济贸易共同体平等成员融入世界经济体系具有特别意义。双方认为，应以积极和建设性的态度

① 《中俄总理第七次会晤联合公报》2002年8月22日，《中华人民共和国国务院公报》2002年第26号，http://www.gov.cn/gongbao/content/2002/content_61717.htm。

就俄加入世贸组织条件进行双边谈判，并在考虑双方利益的基础上达成有关协议，这有助于加强中俄经贸关系。中方表示支持俄罗斯联邦加入世贸组织，并认为这将使该国际组织具有更大的广泛性。”①

2004 年 9 月中俄总理举行第九次定期会晤，两国领导人提出，到 2010 年中俄双边经贸额要达到 600 亿—800 亿美元，到 2020 年实现中国对俄投资 120 亿美元的目标。2004 年 10 月，中俄两国元首会晤批准了上述目标。中俄总理定期会晤委员会委托经贸合作分委会研究实现上述目标的具体实施办法。为此，中华人民共和国商务部和俄罗斯经济发展与贸易部共同成立联合课题组，共同研究探讨中俄经贸发展规划（2006—2010）的制定工作，扩大中俄经贸合作规模，促进两国经济结构的调整和规划。在中俄总理第九次定期会晤的联合公报中，关于双边经贸合作的内容占有很大篇幅。双方决心采取切实措施，进一步加强在经济领域的互利合作，保持积极发展势头，力争在一系列问题重点方向上取得突破。在此次总理会晤中，中俄双方顺利结束关于俄罗斯加入世贸组织的中俄双边谈判，中国支持俄罗斯尽快加入世贸组织，并将中方态度写入联合公报。在此次联合公报中，共提到 17 项重点合作领域，涉及磋商机制、贸易秩序、投资、能源、科技、金融、航天、知识产权、公民往来、林业合作及动植物检疫等多个领域，针对每个领域又提出具体方向。此外，两国更重视金融合作和贸易规则对经贸活动的促进作用，此次会晤期间，中俄总理还签署《中华人民共和国商务部和俄罗斯联邦经济发展和贸易部关于规范中俄贸易秩序的谅解备忘录》《2002 年 8 月 22 日签署的中国人民银行和俄

① 《中华人民共和国与俄罗斯联邦联合声明》2002 年 12 月 2 日，《中华人民共和国国务院公报》2003 年第 1 号，http：//www. gov. cn/gongbao/content/2003/content_ 62213. htm。

罗斯联邦中央银行关于边境地区贸易的银行结算协定的纪要》《中国出口信用保险公司与苏联对外经济银行和俄罗斯进出口银行合作协定》等合作文件。①

2004年10月14—16日中俄元首会晤，两国元首强调，加强政治互信，深化经济合作，扩大人文合作与社会交往，密切在国际事务中的协调与配合，是中俄战略协作伙伴关系的重要内容。全面深化包括能源和投资合作在内的中俄经贸合作，是巩固和发展中俄战略协作伙伴关系的重要因素。中俄经贸合作发展势头良好，2004年年底完全可能实现双边贸易额200亿美元的目标。但两国经济合作的潜力远未充分发掘。双方将共同采取有效措施，制定全面合作的中长期规划，改善双边贸易结构，扩大机电产品贸易，完善经贸及投资合作的形式和方法，重点落实好各领域的大型合作项目，促进双方在能源领域的合作取得切实进展，扩大在和平利用核能领域的合作，加强在航天、核能和其他能源、动力、新材料、化工、生物、通信和信息技术等优先发展领域的科技合作。双方就确定2006年为中国的“俄罗斯年”和2007年为俄罗斯的“中国年”达成共识。②

2005年中俄总理第十次定期会晤期间，俄罗斯总理弗拉德科夫与温家宝总理在会谈中高度评价中俄总理定期会晤机制成立十年来对推动各领域务实合作起到的重要作用，认真审议了《〈中俄睦邻友好合作条约〉实施纲要（2005年至2008年）》执行情况。温家宝就中俄下一步在各领域的具体合作提出七点建议：一、改善贸易结构，规范贸易秩序，促进贸易稳步增长。

---

① 《中俄总理第九次定期会晤联合公报》2004年9月24日，《中华人民共和国国务院公报》2004年第34号，http://www.gov.cn/gongbao/content/2004/content_63016.htm。

② 《中俄联合声明》2004年10月14日，《中华人民共和国国务院公报》2005年第1号，http://www.gov.cn/gongbao/content/2005/content_63257.htm。

二、早日商签原油管道建设项目协议，深化电力和核能合作。三、尽快签署中俄投资保护协定，扩大相互投资规模。四、加强科技人员交流及科技成果转让，提升科技合作的整体水平。五、支持两国毗邻地区的相互合作。六、推进教育、文化、卫生、体育和旅游等人文领域的交流。七、全力办好中俄“国家年”活动。会晤中两国总理表示，将采取切实措施改善双边贸易结构，鼓励和支持扩大相互投资合作，提升两国经贸合作水平，还就贸易结构、贸易秩序、投资、能源、科技、航天、通信、金融、交通运输、林业、反垄断、环保等领域的合作达成了一系列重要共识。会晤期间中俄双方签署了 11 项合作文件，其中一项为《关于 2006—2010 年中俄经贸合作发展规划的谅解备忘录》，将 2012 年两国贸易额达到 600 亿—800 亿美元的目标写入文件。积极制定贸易额的目标，并以政府文件的形式予以确认，充分表明了中俄两国促进经贸合作深化发展的强烈意愿。在 11 项文件中，有 4 项为金融合作协议：《中华人民共和国银行业监督管理委员会和俄罗斯联邦中央银行关于银行监管领域合作的谅解备忘录》《中国银行股份有限公司与俄罗斯外贸银行 2 亿美元出口买方信贷框架协议》《中国银联股份有限公司与俄罗斯外贸银行合作备忘录》《国家开发银行与俄罗斯苏联对外经济银行贷款协议》，充分说明金融合作在经贸合作中占据更加重要的地位。①

2006 年 3 月普京访华期间，中俄双方签署了 22 份合作文件，内容涉及能源、金融、运输等多个领域，其中与经贸合作相关的文件有 15 份。在双方签署的《中俄联合声明》中提到，中俄在经贸和能源领域的合作是战略协作伙伴关系的重要组成

---

① 《中俄总理第十次定期会晤联合公报》2004 年 9 月 24 日，《中华人民共和国国务院公报》2006 年第 1 号，http：//www. gov. cn/gongbao/content/2006/content_ 152607. htm。

部分。声明还提出，中俄经贸合作步入快速增长轨道，取得了重大积极成果。① 中俄经贸合作在中俄战略协作伙伴关系中的地位日益重要，逐渐成为战略协作的核心内容。

2008 年普京第一次以总理的身份邀请温家宝总理对俄罗斯进行正式访问，并于 10 月 28 日出席在莫斯科举行的中俄总理第十三次定期会晤。两国总理提出，在当前复杂多变的国际形势下，全面加强中俄关系尤为重要和迫切。两国总理满意地指出，目前中俄经贸合作持续快速发展。双边贸易额稳定增长，相互投资和经济技术合作不断取得进展，边境和地方间经贸交往日益加强。双方将共同努力，提高经贸合作的质量和效能，拓宽合作领域，以促进两国经济的发展。此次会晤中，两国总理重申，能源合作是中俄战略协作伙伴关系的重要组成部分，要按照互惠互利原则，深入开展能源领域的合作。双方支持开展油气领域的合作，包括解决通过管道运输方式向中国长期供油、石油上下游合作、天然气供应、建立天然气加工和化工企业并向中俄两国及第三国市场销售相应产品等问题。会晤期间，中俄双方签署《关于在石油领域合作的谅解备忘录》《中国石油天然气集团公司与俄罗斯管道运输公司关于斯科沃罗吉诺－中俄边境原油管道建设与运营的原则协议》《中国核工业集团公司与俄罗斯国家原子能集团公司关于在中国建造田湾核电站扩建项目两台机组与商用示范快堆的备忘录》3 份能源合作协议，此后中俄能源合作不断取得突破性进展。

2008 年下半年起，国际金融危机席卷全球，中俄两国经济都受到金融危机的负面影响。这一背景下，2009 年 6 月 17 日胡锦涛主席与梅德韦杰夫总统举行会晤，两国元首对中俄关系一

---

① 《中俄联合声明》2006 年 3 月 21 日，《中华人民共和国国务院公报》2006 年第 14 号，http：//www. gov. cn/gongbao/content/2006/content_ 283963. htm。

年来的发展成果表示满意，认为2008年彻底完成中俄边界勘界工作，批准《〈中华人民共和国和俄罗斯联邦睦邻友好合作条约〉实施纲要（2009—2012年）》，启动两国副总理级能源谈判并签订石油领域合作的政府间协议，积极推进天然气领域合作，将“国家年”有关活动机制化，具有历史意义。在双方共同发布的《中俄元首莫斯科会晤联合声明》中用了相当大的篇幅阐述中俄两国共同应对国际金融危机的决心、原则及具体措施：“两国元首相互详细通报了本国经济形势和各自为克服国际经济金融危机采取的措施，并对这些措施表示相互支持。双方一致认为，危机引发国际金融市场以及世界经济贸易动荡和不稳，对中俄两国经济发展构成严峻挑战。中俄对危机产生原因的分析、对改革国际金融体系和国际金融机构的立场相近或一致。根据平等和照顾彼此利益的原则，在政治、经贸和金融领域建立最广泛国家和国际组织参与的相互协作是战胜危机的条件之一。当前危机时期，努力充分发挥各种地区机构和组织的潜力，提高金融市场的可控性具有特殊意义。两国元首一致认为，应反对国际贸易中的保护主义，危机后国际金融体系应建立在公平、公正、包容、有序原则的基础上，应按期完成国际货币基金组织新一轮份额总检查和世界银行改革方案，真正提高新兴市场和发展中国家在国际金融机构的发言权和代表性。双方强调，应就消除危机后果、改革国际金融体系加强和深化双边合作。两国元首指出，受国际经济金融危机影响，中俄贸易额、相互投资和边境贸易呈下滑趋势，认为双方应共同努力，化解危机对中俄经贸合作的不利影响。为此，双方将采取措施促进相互贸易，为双方商品和服务进入彼此市场创造稳定有利的条件，减少并取消现有技术壁垒，增加传统出口商品、机电和高科技产品的相互供应量并扩大商品种类，推动两国金融和银行体系积极为贸易提供融资服务。保持两国经贸合作的积极势头是应对国际经济金融危机对中俄经济产生不良影响的重要措施。

当务之急是落实已商定的相互投资‘示范’项目，更积极地使用金融和银行工具，做好边贸和边境地区旅游服务本币结算工作，为扩大人民币和卢布结算创造良好条件。制订和实施林业加工领域的规划，扩大地方合作。”①

2011 年恰逢《中俄睦邻友好合作条约》签署十周年，2011 年 6 月胡锦涛访俄，两国领导人总结了《中俄睦邻友好合作条约》签署十年来中俄关系发展的经验和成果，确定了两国关系下一个十年的发展方向、规划和各领域合作目标。双方商定，将致力于发展平等信任、相互支持、共同繁荣、世代友好的全面战略协作伙伴关系。2011 年 11 月，中俄两国总理会晤期间，两国领导人提出，中俄作为两大新兴经济体，经贸合作不能过多倚重于能源合作，应立足于两国经贸关系长期可持续发展，努力建立起更加多元化的经贸联系。双方提出，采取更多切实有效的措施，创新经贸合作方式，扩展合作领域，协商解决重大问题，开创互利共赢的新局面。此次会晤中，两国总理就未来经贸合作的重要方向达成一致：“共同采取措施，通过大力优化贸易结构，提高机电产品和高科技产品在贸易额中的比重，实现双边贸易额 2015 年提高至 1000 亿美元，2020 年提高至 2000 亿美元的中长期目标；通过完善投资环境，定期举行中俄投资合作促进会议，继续落实《中俄投资合作规划纲要》确定的双边投资优先领域，协助两国投资者开展联合投资项目，扩大相互投资规模；积极推进两国企业在高技术和创新领域的合作；共同努力落实中俄政府间关于经济现代化领域合作备忘录中的条款；深化经济特区合作，加强相关信息交流，继续研究关于在俄罗斯共同建设运营经济特区的问题；完善金融合作形式，扩大两国本币结算，促进贸易和投资增长。鼓励两国金融

① 《中俄元首莫斯科会晤联合声明》，2009 年 6 月 17 日，http://www.gov.cn/ldhd/2009-06/18/content_1343301.htm。

及银行机构对双边合作项目予以融资支持；继续优化海关通关流程，提高口岸通关监管效率，加强信息交流，推进贸易统计合作；确保全面实施《中国东北地区与俄罗斯远东及东西伯利亚地区合作规划纲要》，调整和充实地方合作重点项目，推动落实双方共同关注的优先合作项目，研究设立中俄地区合作发展基金；积极开展合作，完善跨境运输基础设施，尽快开工建设同江—下列宁斯阔耶铁路大桥，继续就推进黑河—布拉戈维申斯克、洛古河—波克罗夫卡和东宁—波尔塔夫卡大桥建设及制定相应的条约法律草案开展工作；努力发展欧洲至中国国际公路运输通道；深化纳米系统产业、新材料、生物工程、能源、节能、合理利用开发自然资源与生态、信息及通信系统等领域合作。双方将推动从联合研发到科技成果商业化、产业化的全创新链合作；双方支持本国高科技中心及企业入驻对方高新技术园区，并为中俄创新机构间的合作创造必要条件；深化航空、航天领域长期合作，两国航天机构起草并通过2013年及后续合作大纲；加强和扩大环保合作，推进在跨界水体水质监测与保护、建立生物多样性保护和跨界特别自然保护区、污染防治和及时消除生态灾害后果等领域的合作；建立高效的农业合作机制，推动尽快成立中俄农工综合体领域合作联合工作组，开展互利共赢的农业投资合作；加强林业资源开发与利用方面的投资合作，落实中俄林业合作规划；促进劳务合作。双方有关部门应在2000年11月3日签署的《中华人民共和国政府和俄罗斯联邦政府关于中华人民共和国公民和俄罗斯联邦公民短期劳务协定》框架内制定加强劳务移民管理的具体建议；继续研究制定合作打击非法移民活动协定和便利人员合法往来协定文本草案。”从以上内容可以看出，中俄两国更加注重提高经贸合作的质量，强调完善经贸合作的机制。

（四）深度发展期（2012 年至今）

2012 年至今，中俄贸易整体仍保持增长趋势，但受俄罗斯经济低速增长影响，增速明显低于 2000—2012 年的快速发展期。2015 年受俄罗斯经济危机影响，中俄双边贸易额下滑严重，仅为 680.6 亿美元，同比下降 28.6%，回到了 2010 年的水平，其中，对俄出口额为 348 亿美元，同比下降 35.2%，自俄进口额为 332.6 亿美元，同比下降 20%。2018 年，中俄双边贸易额突破千亿美元大关，达到 1070.6 亿美元，2019 年中俄双边贸易仍保持增长势头，达到 1107.94 亿美元，同比增长 3.4%。其中，中国对俄出口额为 497.41 亿美元，同比增长 3.7%，中国自俄进口额达到 610.52 亿美元，同比增长 3.2%。整体看 2012 年至今这一时期，经贸额年平均增速仅为 5.5%，且波动较大，除 2017 年和 2018 年两年增速达到 20% 以上，其他年份增速均不高。

该时期，尽管经贸额增速放缓，但中俄两国在能源、投资、金融、航空航天、基础设施、科技创新、地方合作等各个领域的合作经历了快速发展后，逐渐进入深度发展期，两国经贸合作的重点也逐渐从重规模转入重质量。

2012 年普京再次当选总统后将中国列为首访国家，于 2012 年 6 月 5 日对中国进行国事访问。访问期间，两国元首签署《中华人民共和国和俄罗斯联邦关于进一步深化平等信任的中俄全面战略协作伙伴关系的联合声明》，声明中指出："双方将进一步落实两国领导人确定的未来 10 年中俄关系发展规划。"声明中指明了经贸及人文领域合作的重点方向："全面深化各领域务实合作，努力在 2015 年前将双边贸易额提高到 1000 亿美元、2020 年前提高到 2000 亿美元，同步提升经贸合作的质量，加强在投资、能源、高科技、航空航天、跨境基础设施建设等领域的合作，重点推动两国战略性大项目合作，扩大地方合作与企业交流。”“为进一步夯实双边关系的社会基础，制订中俄人文合作行动计划，举办好2012中国‘俄罗斯旅游年’和2013年俄罗斯‘中国旅游年’活动，推动两国青年经常性交往，包括协商确定未来5年互派青年代表团机制，落实好莫斯科大学300名青年学生今年暑期来华研修计划，向中俄友好、和平与发展委员会以及其他双边社会团体提供协助。”①

2012年12月6日，在莫斯科举行了中俄总理第十七次定期会晤，温家宝总理和梅德韦杰夫总理在会晤中指出：“在世界经济和国际贸易形势波动的情况下，中俄经贸往来持续稳定发展。双方将不断优化贸易结构，加强投资合作，增进地方和边境地区间交流，扩大高科技和创新领域合作，推动两国企业界联系，以长期保持这一积极势头。”“以俄罗斯加入世界贸易组织为契机，进一步推进双边经贸合作，加强在世界贸易组织框架内的协调配合。”“增加双边贸易商品种类，相互扩大先进机电产品和高科技产品出口，推动两国企业间建立合作关系，积极发挥支持出口的专门机构的作用。”针对能源合作问题，两国总理谈道：“两国总理高度评价双方能源合作成果，愿在天然气、石油、电力、煤炭、和平利用核能、能效和可再生能源等领域进一步开展全方位合作。双方支持两国授权公司在天然气领域开展对话，以尽早启动俄罗斯向中国输送天然气，确保中俄原油管道长期、安全、稳定运营。双方愿扩大油气开采和加工领域的合作。双方对签署修订后的煤炭领域合作路线图并尽快实施煤炭综合一体化开发等合作项目表示欢迎。双方满意地指出，俄罗斯对中国出口电量不断增长，支持研究进一步扩大电力合

① 《中华人民共和国和俄罗斯联邦关于进一步深化平等信任的中俄全面战略协作伙伴关系的联合声明》，2012年6月6日，http：//www.gov.cn/jrzg/2012－06/06/content_2154854.htm。

作，包括在俄境内修建电厂。双方支持在统筹考虑的基础上，本着互利和照顾彼此利益的原则，在确保核安全的前提下，继续全面发展和平利用核能领域的合作。”此次会晤中，两国元首还宣布启动中俄地方领导人定期会晤机制，进一步扩大两国地方合作。双方表示要加大《中国东北地区与俄罗斯远东及东西伯利亚地区合作规划纲要（2009—2018 年）》的实施力度，从重点和新增项目中确定地区合作首批优先投资项目。①

2013 年 9 月和 10 月，习近平主席在出访中亚和东南亚国家期间，先后提出共建“丝绸之路经济带”和“21 世纪海上丝绸之路”（即“一带一路”）的重大倡议，得到国际社会高度关注。2015 年 3 月 28 日，国家发展改革委、外交部、商务部联合发布了《推动共建丝绸之路经济带和 21 世纪海上丝绸之路的愿景与行动》。同年 5 月 8 日，习近平主席应普京总统邀请出席纪念卫国战争胜利 70 周年庆典，并与普京总统举行会谈。关于中俄务实合作，两国元首商定，将中方丝绸之路经济带建设同俄方欧亚经济联盟建设对接，从战略高度、以更广视野全面扩大和深化双方务实合作，扩大相互开放，深化利益交融，更好促进两国发展振兴，拓展欧亚共同经济空间，带动整个欧亚大陆发展和稳定。会谈后，两国元首共同签署并发表了《中华人民共和国和俄罗斯联邦关于深化全面战略协作伙伴关系、倡导合作共赢的联合声明》和《中华人民共和国和俄罗斯联邦关于丝绸之路经济带建设与欧亚经济联盟建设对接合作的联合声明》。

《中华人民共和国和俄罗斯联邦关于深化全面战略协作伙伴关系、倡导合作共赢的联合声明》中指出：“俄方高度评价中方建设丝绸之路经济带和 21 世纪海上丝绸之路的倡议，认为这是一个旨在发展地区经贸与投资合作的重要构想。双方将继续在

---

① 《中俄总理第十七次定期会晤联合公报》，2012 年 12 月 6 日，http：//www. gov. cn/ldhd/2012 - 12/06/content_ 2284586. htm。

丝绸之路经济带和欧亚经济联盟框架内寻找地区经济一体化进程的契合点，在加强平等合作与互信基础上确保欧亚地区经济的可持续增长。双方欢迎中国与欧亚经济联盟启动经贸合作方面的协议谈判。”①

《中华人民共和国和俄罗斯联邦关于丝绸之路经济带建设与欧亚经济联盟建设对接合作的联合声明》中指出：“俄方支持丝绸之路经济带建设，愿与中方密切合作，推动落实该倡议。中方支持俄方积极推进欧亚经济联盟框架内一体化进程，并将启动与欧亚经济联盟经贸合作方面的协议谈判。双方将共同协商，努力将丝绸之路经济带建设和欧亚经济联盟建设相对接，确保地区经济持续稳定增长，加强区域经济一体化，维护地区和平与发展。双方将秉持透明、相互尊重、平等、各种一体化机制相互补充、向亚洲和欧洲各有关方开放等原则，通过双边和多边机制，特别是上海合作组织平台开展合作。”“为推动实现上述目标，双方将在以下优先领域采取步骤推动地区合作：扩大投资贸易合作，优化贸易结构，为经济增长和扩大就业培育新的增长点。促进相互投资便利化和产能合作，实施大型投资合作项目，共同打造产业园区和跨境经济合作区。在物流、交通基础设施、多式联运等领域加强互联互通，实施基础设施共同开发项目，以扩大并优化区域生产网络。在条件成熟的领域建立贸易便利化机制，在有共同利益的领域制订共同措施，协调并兼容相关管理规定和标准、经贸等领域政策。研究推动建立中国与欧亚经济联盟自贸区这一长期目标。为在区域经济发展方面能够发挥重要作用的中小企业发展创造良好环境。促进扩大贸易、直接投资和贷款领域的本币结算，实现货币互换，深

① 《中华人民共和国和俄罗斯联邦关于深化全面战略协作伙伴关系、倡导合作共赢的联合声明》，2015 年 5 月 9 日，新华社，http://www.xinhuanet.com/world/2015－05/09/c_127780870.htm。

化在出口信贷、保险、项目和贸易融资、银行卡领域的合作。通过丝路基金、亚洲基础设施投资银行、上海合作组织银联体等金融机构，加强金融合作。推动区域和全球多边合作，以实现和谐发展，扩大国际贸易，在全球贸易和投资管理方面形成并推广符合时代要求的有效规则与实践。”“双方支持启动中国与欧亚经济联盟对接丝绸之路经济带建设与欧亚经济一体化的对话机制，并将推动在双方专家学者参与下就开辟共同经济空间开展协作进行讨论。双方将成立由两国外交部牵头、相关部门代表组成的工作组，协调上述领域的合作。双方将通过中俄总理定期会晤机制及其他双边合作机制，监督上述共识的落实进程。”这两个联合声明的发布表明了俄方支持丝绸之路经济带建设，愿与中方密切合作，推动落实该倡议的态度，确立了丝绸之路经济带建设与欧亚经济联盟建设对接合作的目标。

2019 年，中俄两国建交 70 周年，两国元首提出建立守望相助、深度融通、开拓创新、普惠共赢的新时代全面战略协作伙伴关系，并提出到 2024 年将双边贸易额提高到 2000 亿美元的水平。在《中华人民共和国和俄罗斯联邦关于发展新时代全面战略协作伙伴关系的联合声明》中提出，中俄务实合作的目标是为双边关系奠定坚实的物质基础。双方将拓宽思路，创新模式，推动两国务实合作全面提质升级，实现利益深度交融、互利共赢。《联合声明》中还提出了落实务实合作的十七项任务，具体包括：第一，落实好双方《关于促进双边贸易高质量发展的备忘录》，持续提升双边贸易规模，优化贸易结构；第二，继续深化上中下游全方位一体化能源合作，促进双方在节能技术、标准、人才、信息等方面交流与合作；第三，持续深化两国投资合作，充分发挥中俄投资合作委员会统筹协调作用，进一步完善机制，加强两国经济领域发展战略、规划和政策对接；第四，在中俄总理定期会晤委员会金融合作分委会框架内等开展两国政府部门和金融监管部门的合作；第五，深化会计审计标准和审计监管合作，积极推进会计审计标准互认，为中俄企业跨境发债和两国金融市场互联互通提供制度保障；第六，扩大科技创新合作深度和广度，决定2020年、2021年互办“中俄科技创新年”；第七，在实施中俄2018—2022年航天合作大纲的基础上拓展并深化两国航天领域长期互利合作；第八，加强信息通信技术、数字经济、无线电频率资源管理领域合作；第九，扩大并提升农业合作水平，深化农业投资合作；第十，深化交通运输领域合作；第十一，加强海关检验检疫、口岸运行全方位务实合作；第十二，推动中俄北极可持续发展合作；第十三，提升在自然灾害防治和紧急救灾领域，包括自然灾害和生产安全事故后续处理方面合作的水平和质量，促进在该领域的国际合作；第十四，本着睦邻友好合作精神继续发展中俄边界领域务实合作，加强协调，促进两国边境地区的经济社会发展；第十五，扩大中俄地方交流，持续深化地方间经贸合作，落实好《中俄在俄罗斯远东地区合作发展规划（2018—2024年）》，丰富中俄地方合作交流年成果；第十六，积极推进“一带一路”建设与欧亚经济联盟对接；第十七，继续深化双边领事合作，加强在该领域交流，积极推动中俄人员往来进一步便利化。①

综上所述，经过多年的发展，两国政府对于加强经贸合作都有着强烈、迫切的愿望，经贸合作逐渐成为中俄战略协作的核心内容，中俄双方努力提高经贸合作的水平和质量是未来两国经贸合作的主要战略方向。

① 《中华人民共和国和俄罗斯联邦关于发展新时代全面战略协作伙伴关系的联合声明》，2019年6月6日，新华网，http：//www.xinhuanet.com/world/2019-06/06/c_1124588552.htm。

三 中俄经贸合作发展现状

经过多年的努力，中俄经贸合作取得了令人瞩目的发展成就，双边贸易额稳定增长，相互投资规模逐渐扩大，能源合作全方位展开，金融、农业、基础设施及地方等领域的合作不断取得新进展、新突破，产能、科技创新、电商等领域的合作成为近年来新的增长点。

（一）双边贸易

1. 商品贸易

2000 年来，中俄双边贸易额变动具有三个主要特点。第一，整体保持增长趋势，但增速下降，且波动幅度较大。根据 2000 年至今中俄双边贸易额变动趋势（见表 3.1），中俄贸易可以分为两个时期。第一时期为 2000—2011 年，该时期双边贸易额持续增长，除 2009 年国际经济危机出现负增长，2002 年、2006 年和 2008 年三个年份增长率低于 20% 之外，其他年份贸易额增长率均在 30% 以上。2000 年中俄双边贸易额仅为 80 亿美元，2011 年中俄双边贸易额达到 792.5 亿美元，几乎是 2000 年的 10 倍，年均增速约为 27%。第二时期为 2012—2019 年，中俄贸易整体仍保持增长趋势，但受俄罗斯经济低速增长影响，增速明显低于第一时期，年平均增速仅为 5.5%，且波动较大。2018 年，中俄双边贸易额突破千亿美元大关，达到 1070.6 亿美元，

2019 年中俄双边贸易仍保持增长势头，达到 1107.94 亿美元，同比增长 3.4%。其中，中国对俄出口额为 497.41 亿美元，同比增长 3.7%，中国自俄进口额达到 610.52 亿美元，同比增长 3.2%。中俄双边贸易额在中国对外贸易总额中的占比为 2.42%，俄罗斯为中国第十一大贸易伙伴。①

表 3.1　　2000—2019 年中俄双边贸易额

年份	出口		进口		进出口	
	亿美元	增长（%）	亿美元	增长（%）	亿美元	增长（%）
2000	22.3	48.7	57.7	36.7	80.0	39.9
2001	27.1	21.4	79.6	37.9	106.7	33.3
2002	35.2	29.9	84.1	5.7	119.3	11.8
2003	60.3	71.3	97.3	15.7	157.6	32.1
2004	91.0	51.0	121.3	24.7	212.3	34.7
2005	132.1	45.2	158.9	31	291.0	37.1
2006	158.3	19.8	175.6	10.5	333.9	14.7
2007	284.9	79.9	196.8	12.1	481.65	44.3
2008	330.1	15.9	238.3	21	568.4	18
2009	175.1	-47.1	212.8	-10.7	387.9	-31.8
2010	296.1	69	258.4	21.7	554.5	43.1
2011	389.0	31.4	403.5	55.6	792.5	42.7
2012	440.6	13.2	441.0	9.9	881.6	11.2
2013	495.9	12.6	396.2	-10.3	892.1	1.1
2014	536.8	8.2	416.1	4.9	952.9	6.8
2015	348	-35.2	332.6	-20	680.6	-28.6
2016	373	7.4	322	-3.1	695.6	2.3
2017	429	14.8	412	27.7	840.9	20.8
2018	479.8	12	590.8	42.7	1070.6	27.1
2019	497.4	3.7	610.5	3.2	1107.9	3.4

资料来源：2020 年 2 月 16 日中国海关总署（http：//www.customs.gov.cn/customs/302249/302274/302277/index.html）。

① 中华人民共和国海关总署：《2019 年 12 月进出口商品国别（地区）总值表（美元值）》，2020 年 2 月 16 日，http：//www.customs.gov.cn/customs/302249/302274/302277/302276/2851396/index.html。

第二，中俄贸易在俄罗斯对外贸易总额中的比重快速提高。尽管近年来中俄双边贸易额增长不多，但在俄罗斯对外贸易总额中的比例迅速提高。2008 年，中俄贸易在俄罗斯对外贸易中占 7.6%，位居德国（9.2%）和荷兰（8.4%）之后，为俄罗斯第三大贸易伙伴。2010 年，中俄贸易在俄罗斯对外贸易中的比重提高至 10.6%，中国首次超过荷兰（9.5%）和德国（8.3%）成为俄罗斯最大贸易伙伴，此后，中国连续保持俄罗斯最大贸易伙伴至今。2011 年，俄罗斯与独联体国家贸易在俄对外贸易总额中的比例为 14.9%，随着俄罗斯经济形势的恶化，俄罗斯与独联体国家贸易萎缩，2016 年中俄贸易在俄对外贸易总额的比例首次超过独联体国家之和（12.1%）达到 14.1%。到 2019 年，这一比例已达到 16.6%。①

第三，中国对俄贸易转为逆差。2007—2017 年间，中国对俄贸易以顺差为主。中国对俄出口受到俄罗斯需求的限制，而自俄进口主要受大宗商品价格（尤其是能源价格）影响，危机年份（2009 年和 2015 年）对俄出口降幅均大于进口降幅。从 2018 年起中国自俄进口额超过中国对俄出口额，资源类产品进口额快速增长，其中矿产品增长 61.9%，铜及制品增长 127.5%，铝及制品增长 63.4%，镍及制品增长 666%，其他贱金属及制品增长 160%。此外，乌克兰危机后俄罗斯大力发展粮食和农产品对华出口，2018 年中国自俄活动物及动物产品进口额增长 37.3%；植物产品增长 66.6%，其中，谷物进口增长 342%；动植物油脂增长 51.2%；食品、饮料、烟草增长 28.5%。② 未来受俄方需求影响，对俄贸易逆差仍会维持一段

① Федеральная таможенная служба. Внешняя торговля Российской Федерации, 3 Марма, 2020г. http: //customs. ru/statistic.

② 中国商务部：《2019 年 1—9 月俄罗斯货物贸易及中俄双边贸易概况》，2020 年 4 月 3 日，https: //countryreport. mofcom. gov. cn/record/qikan110209. asp? id = 11757。

时间。

中国自俄罗斯进口的商品主要为能源、资源、原材料、农产品等初级产品，这主要是基于俄罗斯的资源禀赋。矿产品是中国自俄进口的第一大类产品，2008—2019 年这十一年间，中俄能源合作全方位发展，不断取得突破性进展，中国自俄能源进口快速增长，矿产品在中国自俄进口中的比重从 56.8% 提高至 75.2%。第二大类产品为木材及制品，2008—2019 年，中国自俄木材进口额保持稳定增长，但此类商品进口占比却呈下降趋势，在进口额中的比例从 12.7% 降低至 6.5%。前两大类资源型产品进口额的比重从 69.5% 提高至 81.7%，资源型结构继续固化。机电产品进口额增长明显，增长了 2.1 倍，进口占比从 2008 年的 3.4% 增长至 2019 年的 4.1%。动物产品、动植物油脂、植物产品及食品、饮料、烟草这四类产品在 2008 年时进口量很小，到 2019 年，这四类农产品进口额大增，分别增长至 13.71 亿美元、3.89 亿美元、2.69 亿美元和 2 亿美元，活动物、动物产品的进口额增长了 15.9 倍。贱金属及制品、纤维素浆、纸张、光学、钟表医疗设备和运输设备，这四类产品贸易额缓慢增长，但在进口额中的比例呈下降趋势。化工产品和塑料、橡胶的进口大幅减少，进口额从 2008 年的 17.33 亿美元和 4.75 亿美元减少到 2019 年的 8.59 亿美元和 3.18 亿美元，在进口额中的比例也相应从 11.4% 和 3.1% 降至 2.2% 和 0.8%。[①]（见表 3.2）

中国对俄出口商品主要是机电产品、轻工产品、化工业品等制成品，2008—2019 年这十余年来中国对俄出口商品结构相对稳定，整体结构略有改善。机电产品出口额始终位居第一，

---

① 中国商务部：《2019 年 1—9 月俄罗斯货物贸易及中俄双边贸易概况》，2020 年 4 月 3 日，https://countryreport.mofcom.gov.cn/record/qikan110209.asp?id=11757。

表 3.2　　中国自俄罗斯进口主要商品构成

商品类别	贸易额（亿美元）		占比（%）	
	2008 年 1—9 月	2019 年 1—9 月	2008 年 1—9 月	2019 年 1—9 月
矿产品	85.97	294.81	56.8	75.2
木材及其制品	19.28	25.64	12.7	6.5
机电产品	5.11	16.06	3.4	4.1
活动物及动物产品	0.81	13.71	0.5	3.5
贱金属及其制品	9.82	10.91	6.5	2.8
化工产品	17.33	8.59	11.4	2.2
纤维素浆、纸张	6.73	7.05	4.4	1.8
动植物油脂	—	3.89	—	1
塑料、橡胶	4.75	3.18	3.1	0.8
植物产品	0.04	2.69	0.0	0.7
食品、饮料、烟草	—	2.01	—	0.5
光学、钟表、医疗设备	0.67	1.73	0.5	0.4
运输设备	0.63	1.19	0.4	0.3

资料来源：中国商务部：《2008 年 1—9 月俄罗斯货物贸易及中俄双边贸易概况》，2020 年 4 月 3 日，https：//countryreport. mofcom. gov. cn/record/qikan110209. asp？ id = 953；《2019 年 1—9 月俄罗斯货物贸易及中俄双边贸易概况》，2020 年 4 月 3 日，https：//countryreport. mofcom. gov. cn/record/qikan110209. asp？ id = 11757。

2017 年，机电产品出口在出口总额中的比例一度达到 53%，近年受需求面影响又有所下降，2019 年 1—9 月，该比例为 47.7%。纺织品及原料，家具、玩具、杂项制品，鞋靴、伞等轻工制品，皮革制品、箱包这四类劳动密集型商品是中国对俄出口的传统商品，2008 年 1—9 月，这四类产品对俄出口的比重为 21.1%。近年来，俄罗斯推行进口替代政策，在轻工业领域已经取得了比较良好的成效，劳动密集型产品技术含量不高，可替代性强，随着中国人力成本的提高，中国此类产品的价格优势下降，中国对俄出口的轻纺产品在俄罗斯市场上面临着激烈的竞争，因此，劳动密集型产品在中国对俄出口商品中的比重有所下降，2019 年 1—9 月，该比例下降至 18.7%。化工产品和塑料、橡胶这两类商品对俄出口大幅增长，化工产品出口额增长了 2.7 倍，出口占比从 2.4% 提高到 5.9%；塑料、橡胶出口额增长了 61%，出口占比从 4.5% 提高至 4.8%。劳动密集型产品出口比例下降，机电产品和化工产品等工业制成品比例提高，反映了中国对俄出口结构有了一定程度的改善。[①]（见表 3.3）

表 3.3　　中国对俄罗斯出口主要商品构成

商品类别	贸易额（亿美元）		占比（%）	
	2008 年 1—9 月	2019 年 1—9 月	2008 年 1—9 月	2019 年 1—9 月
机电产品	118.53	183.94	46.3	47.7
贱金属及制品	20.45	32.92	8.0	8.5
纺织品及原料	21.61	29.94	8.4	7.8
化工产品	6.21	22.8	2.4	5.9
家具、坑具、杂项制品	11.47	21.91	4.5	5.7
运输设备	15.97	20.68	6.2	5.4
塑料、橡胶	11.56	18.65	4.5	4.8
鞋靴、伞等轻工制品	17.79	15.29	6.9	4
光学、钟表、医疗设备	6.66	9.54	2.6	2.5
陶瓷；玻璃	6.44	7.06	2.6	1.8
植物产品	4.98	6.5	1.9	1.7
皮革制品；箱包	3.36	4.76	1.3	1.2

① 中国商务部：《2019 年 1—9 月俄罗斯货物贸易及中俄双边贸易概况》，2020 年 4 月 3 日，https://countryreport.mofcom.gov.cn/record/qikan110209.asp?id=11757。

续表

商品类别	贸易额（亿美元）		占比（%）	
	2008 年 1—9 月	2019 年 1—9 月	2008 年 1—9 月	2019 年 1—9 月
食品、饮料、烟草	3.29	3.48	1.3	0.9
纤维素浆；纸张	1.74	2.58	0.7	0.7
矿产品	3.01	2.04	1.2	0.5

资料来源：中国商务部：《2008 年 1—9 月俄罗斯货物贸易及中俄双边贸易概况》，2020 年 4 月 3 日，https：//countryreport. mofcom. gov. cn/record/qikan110209. asp? id = 953；《2019 年 1—9 月俄罗斯货物贸易及中俄双边贸易概况》，2020 年 4 月 3 日，https：//countryreport. mofcom. gov. cn/record/qikan110209. asp? id = 11757.

2. 服务贸易

与货物贸易相比，中俄服务贸易规模较小，但近年来发展势头较快。随着“一带一路”倡议在欧亚地区的推进，中俄服务贸易额逐年增长。2010 年，中俄服务贸易额为 24.76 亿美元，2018 年达到 58.59 亿美元，同比增长 23%，与 2010 年相比，增长 137%。旅游、运输、建筑工程承包、商务服务是中俄服务贸易的重点领域。从结构上看，2010 年，旅游在服务贸易中占一半以上份额（56.6%），此后，尽管旅游业服务贸易额也连年增长，但其在服务贸易总额中的比例却有所下降。运输服务、建筑工程承包、商务服务的份额快速增长，2010—2018 年，运输服务贸易额占比从 18.9% 提高到 28.9%，建筑工程承包的占比从 6.5% 快速提高到 21.62%，保险服务占比从 0.1% 提高到 0.32%，金融服务从 1.1% 提高到 1.26%，其他商务服务从 9.2% 提高到 11.2%。运输业、旅游业属于劳动密集型服务业，而保险、金融、信息通信、商务服务属于知识密集型生产性服务业，对产业和经济发展有着更大的推动作用，因此旅游业在增长前提下份额的降低，而生产性服务贸易份额的提高，充分反映了中俄服务贸易结构的优化。随着中俄服务贸易的扩大，服务贸易对推动两国经济发展的作用也越来越强。（见表 3.4）

表 3.4 中俄服务贸易

	贸易额（亿美元）				占比（%）			
	2010 年	2015 年	2017 年	2018 年	2010 年	2015 年	2017 年	2018 年
服务贸易	24.76	33.08	47.62	58.59	100	100	100	100
商品加工服务	0.16	0.016	0.008	0.12	0.65	0.05	0.016	0.2
商品保养和维修服务	0.26	1.25	0.73	0.91	1.05	3.78	1.53	1.55
运输服务	4.68	8.73	13.84	16.93	18.9	26.39	29.06	28.9
旅游	14.02	12.21	16.94	18.37	56.6	36.91	35.57	31.35
建筑工程承包	1.61	3.31	6.2	12.67	6.5	10	13.02	21.62
保险服务	0.024	0.32	0.19	0.19	0.1	0.96	0.4	0.32
金融服务	0.27	0.81	0.99	0.74	1.1	2.45	2.08	1.26
知识产权使用费	0.7	1.27	0.65	0.65	2.83	3.84	1.36	1.11
电信、计算机和信息服务	0.74	1.67	1.08	1.27	3	5.05	2.67	2.17
其他商务服务	2.28	3.38	6.89	6.57	9.2	10.22	14.47	11.2
个人、文化和娱乐服务	0.02	0.07	0.09	0.15	0.08	0.21	0.19	0.26

资料来源：Банк России. Статистический сборник «Внешняя торговля Российской Федерации услугами», 2011г. 2016г. 2018 г. http：//www. cbr. ru/statistics/macro_ itm/svs/.

（二）相互投资

进入 21 世纪以来，中国成为全球最大的加工业基地，外汇储备也已跃居世界第一位，具有很强的生产和资金优势，而俄罗斯在科研和设计方面具有较强的优势。在中俄投资合作中，两国具有很强的优势互补性，这成为两国展开投资合作的基础。2000 年以来，在两国政府的共同推动下，中国对俄投资规模迅速扩大。

2000 年，中国对俄投资仅为 1600 万美元，占当年俄罗斯吸引外资总额的 0.1%。随着经贸合作的深入发展，中国对俄直接投资规模呈扩大趋势。2012 年以前，中国对俄直接投资流量一直未能突破10亿美元，2013—2018年投资规模波动较大，2015年投资额达到峰值29.62亿美元（见图3.1）；在中国对外投资中，俄罗斯位居第五，前四位分别为新加坡、开曼群岛、美国和澳大利亚，中国对俄直接投资在中国对外直接投资总额中占比为2.03%；此后，中国对俄直接投资流量逐渐下降，2018年，在中国对外直接投资中，俄罗斯排在第13位，中国对俄直接投资在中国对外直接投资总额中的占比仅为0.5%。[①] 与中国对俄罗斯投资相比，俄罗斯对华投资流量相对较小，均未超过1亿美元。尤其是在2005年后，俄罗斯对华直接投资规模萎缩，这主要由于近年来俄罗斯经济形势整体不佳，资金短缺。

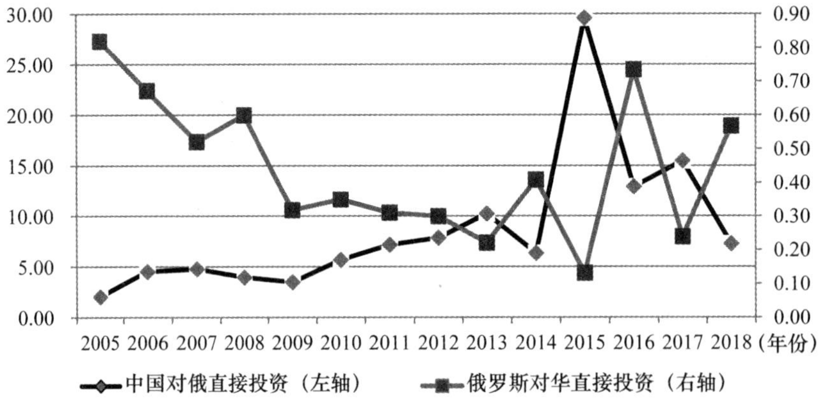

图3.1　中俄相互直接投资额（亿美元，流量）

资料来源：万得资讯。

截至2018年年底，中国对俄直接投资存量为142.1亿美元，是2010年投资存量的5.1倍（见图3.2），中国对俄直接投资存量排在第七位，前六位分别为开曼群岛、英属维尔京群岛、美国、新加坡、澳大利亚、英国，中国对俄直接投资存量在中国

---

① 2020年4月26日，国家统计局（http://data.stats.gov.cn/easyquery.htm? cn = C01）。

对世界直接投资存量中的比例为0.71%。

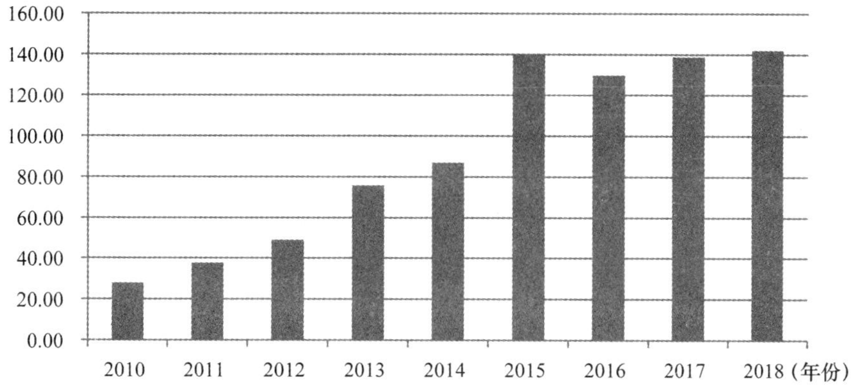

图3.2 中国对俄直接投资存量（亿美元）

资料来源：万得资讯。

中俄在投资合作的领域不断扩展，不但涉及传统的采矿业、农林牧渔业等资源开发业，还遍布食品加工、小家电、汽车等制造业、建筑业、批发和零售业、金融业、交通运输业、仓储和邮政业、科学研究、技术服务业。投资方式也从传统的绿地投资发展到参股、并购等方式。从投资的行业分布看，对农林牧渔业投资相对稳定，主要通过建立境外农业园区和木材加工园区的形式；乌克兰危机后，中俄能源合作更加紧密，2015—2017年，采矿业直接投资规模迅速扩大，制造业投资规模也呈扩大趋势。俄在华投资则主要集中在核电、汽车、农机组装和化工领域。

从图3.3中可以看出，2015—2017年，中国对俄直接投资中，对采矿业的投资快速增长，这主要为中国企业对俄能源公司的股权投资。乌克兰危机后，西方对俄实行经济制裁，俄罗斯一些能源项目面临资金短缺的威胁，需要来自中国的投资。中国企业通过收购俄罗斯能源企业股份能够在上中下游全产业链参与俄罗斯能源项目的运营。2016年，中石化集团和中国丝路基金相继收购俄罗斯诺瓦泰克公司股份，参与亚马尔液化天然气项目。

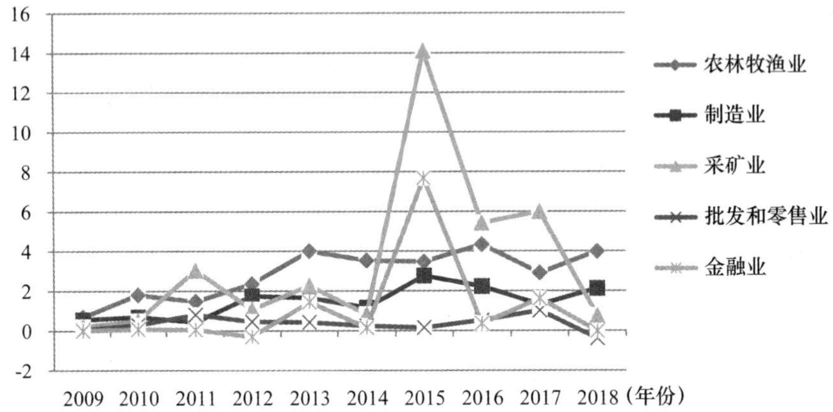

图 3.3　2009—2018 年中国对俄直接投资主要行业投资流量（亿美元）

资料来源：万得资讯。

2017 年 6 月 29 日，北京燃气集团有限责任公司收购俄罗斯石油公司下属上乔纳斯科石油天然气公司 20% 的股权，交易总金额为 11 亿美元。上乔纳斯科石油天然气公司负责开发的上乔油气田位于伊尔库茨克州，是西伯利亚东部最大的油气田之一。目前，上乔油田已经进入成熟开发阶段，年产原油 850 万吨，天然气田计划于 2021 年投产，预计年产 30 亿立方米天然气，通过在建的“西伯利亚力量”管道输送至中国。通过股权收购，北京燃气集团可获得每年 100 亿立方米天然气的优先购买权，满足北京及周边地区的天然气需求，大力提升城市天然气保障能力。俄罗斯石油公司则希望通过与中方的股权合作，能够快速进入中国市场，并与亚太国家建立可靠的联系。2017 年 9 月，中国华信能源有限公司与嘉能可财团和卡塔尔投资局联合体达成协议，收购该联合体所持俄罗斯石油公司 14.16% 的股份，合同金额约 91 亿美元。交割后，中国华信将成为俄罗斯石油公司第三大股东，并可由此获得参与该公司能源项目运行的权益。

目前，中俄双方已共同设立了多支合作投资基金用于保障两国各类合作项目的运行。具体包括：

（1）中俄投资基金：2012 年 6 月，中俄两国的主权财富基金（俄罗斯直接投资基金与中国投资有限责任公司）共同建立中俄投资基金。初始募集资金 20 亿—40 亿美元，中俄双方各出资 10 亿美元，其余资金向第三方投资者募集。中俄投资基金 70% 以上的资金要投资于俄罗斯及独联体国家项目，30% 以下的资金用于投资对俄合作的中国项目。

（2）中俄农业投资基金：2015 年 5 月 8 日，中国黑龙江省人民政府与俄罗斯投资基金和中俄投资基金共同设立总额为 20 亿美元的中俄农业投资基金，专门用于支持两国境内的农业项目。基金资金来源主要为中方机构，俄方所占份额很小。

（3）中俄农业开发基金：2015 年 12 月 17 日，俄罗斯远东发展基金与"亚太粮食产业发展基金"管理公司签署协议建立中俄农业开发基金。初始资金规模为 130 亿卢布，折合约 1.85 亿美元，其中俄罗斯远东发展基金出资 13 亿卢布，"亚太粮食产业发展基金"管理公司出资 117 亿卢布。基金用于促进远东地区以中国为市场的农业开发。

（4）中俄下一代发展基金：2017 年 3 月，中俄两国计划再建立两支下一代发展投资基金，投资用于基础设施建设及矿业两个长线投资行业。基础设施建设下一代基金由远东发展基金、嘉浩控股和中国建筑工程总公司共同建立，矿业下一代基金由远东发展基金、嘉浩控股和中国黄金集团共同建立，潜在的开发项目包括开采远东地区最大的两个含铜金矿。两支基金的资金规模均为 100 亿美元。

（5）中俄人民币投资合作基金：2017 年 7 月 4 日，由俄罗斯直接投资基金和中国国家开发银行签署谅解备忘录，拟共同设立中俄人民币投资合作基金，资金规模为 100 亿美元等值人民币，资金将集中用于"一带一路"及欧亚经济联盟下的项目。

（6）中俄发展基金：2017 年 7 月 4 日，深圳市丝路金桥股权投资基金管理有限公司和俄罗斯天然气工业银行联合发起成立中俄发展基金。中俄发展基金为股权投资基金，一期的目标资金规模为10亿美元。中俄双方签署了战略合作协议，协议签署后，双方着手组建合资公司，开始项目运作。基金的投资领域为中俄两国及一些独联体国家的能源、资源、农业、基础设施、高科技及快速消费品等领域。

（7）中俄地区合作发展投资基金：2017年5月，中国发改委提出筹划设立中俄地区合作发展投资基金，总资金规模为1000亿元人民币，首期资金为100亿元人民币，用于推动中国东北与俄罗斯远东地区合作，投资主要集中于基础设施建设领域，其中包括俄罗斯远东地区滨海1号、2号国际运输走廊项目。

（三）能源合作

中俄两国的资源禀赋和经济发展模式决定了能源合作是中俄经贸合作中的重要领域，是中俄战略协作伙伴关系的重要组成部分，也是中俄经贸合作中分量最重、成果最多、范围最广的领域。2013年4月李克强总理在访问俄罗斯时提出了上下游一体、风险共担、利益共享的能源合作新构想，该提议得到了普京总统的赞许。此后，中俄双方积极就拓展油气上下游全面合作（包括上游勘探开发、下游炼化和精深加工合作）做出努力。尤其是乌克兰危机后，国际油价下行，西方对俄罗斯实行经济制裁，俄罗斯对中国资金和市场的需求更加强烈，在此背景下，中俄两国油气合作在上游勘探开发、中游管道建设及下游油气产品精炼及化工方面的合作均取得了新的突破，随着合作产业链的拉长，中俄双方利益更加交融。此外，在电力和核能领域，中俄两国的合作也取得了积极的进展。

1. 合作机制

中俄能源合作委员会是中俄政府首脑定期会晤委员会机制下能源领域合作的分委会，该机制自 1996 年建立起在中国和俄罗斯定期举办会议。除能源委员会定期会晤机制外，两国政府共同策划和推动的中俄能源商务论坛成为完善两国能源合作机制的又一创新举措。2018 年 11 月，首届中俄能源商务论坛在北京成功举办，中俄双方在油气、电力、煤炭、能源技术及能源金融等合作领域进行了全面的探讨。2019 年 6 月，第二届论坛在圣彼得堡国际经济论坛期间举行，习近平主席和普京总统共同出席并致辞。在两国元首的见证下，中俄双方签署了《中俄能源论坛章程》，确定该论坛为中俄能源领域的重要机制性交流平台，由中国石油天然气集团和俄罗斯石油公司联合主办，原则上每年举办一次，在中俄两国轮流举办。此次论坛主题为“促进中俄能源领域上中下游全产业链合作”，双方代表就北极能源开发、能源金融合作、能源科技创新、积极发展数字化能源技术、智慧绿色能源合作等问题展开讨论。论坛期间两国能源企业开展了 20 多场会谈，签署了 18 项成果文件。

2. 石油领域

2014 年普京总统邀请中方企业收购俄罗斯石油公司旗下的万科尔油田股份，并提出对中方投资不设任何限制，这进一步传递了俄方有意愿开展上游合作的积极信号。2014 年 10 月，中俄两国总理会晤期间，中石油与俄罗斯石油公司签署了《关于进一步深化战略合作的协议》，根据协议，双方约定将在上游油气勘探开发、下游炼厂建设、油气贸易领域开展一体化合作，同时还有意将合作方向拓展至工程技术服务、装备制造和科技研发等领域。

在上游勘探开发领域，2015 年 9 月 3 日，中国石油化工集团公司与俄罗斯石油公司签署《共同开发鲁斯科耶油气田和尤鲁勃切诺—托霍姆油气田合作框架协议》。根据协议，中石化集团有权收购俄石油公司下属的两家油气公司（东西伯利亚油气公司和秋明油气公司）49%的股份，这两家油气公司分别拥有尤鲁勃切诺—托霍姆油气田和鲁斯科耶油气田的开发许可证。上述两个油气田均属于俄罗斯石油公司重点经营地区，该项协议的签署有利于中俄双方在这两个油气田的勘探开发合作中降低项目运营风险。2015 年 12 月 17 日，中国石油集团与俄罗斯天然气工业股份公司签署了《中国石油与俄气公司石油合作谅解备忘录》。根据该备忘录，双方将共同研究在俄罗斯和第三国开展涵盖勘探、开发、油气产品销售、工程技术服务、装备贸易等领域的合作，该协议的签署进一步拓展了双方的合作领域，中俄两国能源合作不断向着全方位多领域迈进。

管道建设方面，2013 年 6 月，中石油集团与俄罗斯石油公司签署俄罗斯向中国增供原油的长期贸易合同，俄罗斯在中俄原油管道 1500 万吨的基础上逐年对华增供原油，到 2018 年达到 3000 万吨，增供合同期为 25 年，可延长 5 年。考虑到原有中俄原油管道输送能力有限，中石油集团开始建设中俄原油管道二线工程。2017 年 11 月 12 日，中俄原油管道二线工程全线贯通，2018 年 1 月 1 日，正式投入商业运营，该管道与漠大线和正在修建的中俄东线天然气管道共同构成我国东北能源战略通道，对于保障国家能源供应安全意义重大。

在下游炼化和精深加工合作方面，2014 年 11 月，APEC 会议期间，中石油勘探开发公司与俄罗斯石油公司签署了框架协议，中石油购买俄石油旗下万科尔石油公司 10% 的股份，中石油成为万科尔石油公司董事会成员，获得相应分红。2015 年 9 月 3 日，中国石油化工集团公司与俄罗斯天然气加工及石化产品公司西布尔集团签署战略合作协议，未来将探讨扩大贸易合作的潜在可能，并寻求在天然气加工及化工项目中的合作机会。

此外，中石化集团还与西布尔集团签署了战略投资协议，根据协议，中石化购买西布尔集团部分股份，成为其战略投资者。2015 年 12 月 13 日，该协议获得俄罗斯政府批准，西布尔集团将其 20% 的股份出售给中国石化，股权收购分两阶段完成。第一阶段，中石化先收购西布尔集团 10% 的股份，12 月 17 日，股权交割完成，中石化为股权收购支付 13.38 亿美元；第二阶段，中石化将在未来三年内完成剩余 10% 的股权收购。对于中方而言，与以往直接购买原油及石油产品相比，同俄方合资办厂、相互参股等合作模式有利于降低运营风险，双方持续的伙伴关系也可以保证产品来源的长期性。

3. 天然气领域

天然气合作对中俄两国均具有重大战略意义。近年来，中国天然气进口需求快速增长，已成为全球最大的天然气进口国，与俄罗斯开展天然气合作，中国能够获得长期、稳定的天然气进口来源，对保障国家能源安全、建立多元化海外供应体系，具有重要战略意义。在中国的天然气进口来源中，自美国的进口量近年来呈快速增长态势。美国发起对华贸易战后，中国也宣布对进口美国液化气加征 10% 关税，来自美国的天然气成本提高。因此，中国希望俄罗斯成为稳定的天然气进口来源，以缓解当前天然气紧张的现状。乌克兰危机后，为应对西方国家经济制裁，俄罗斯实行“向东看”战略，对华出口天然气不仅能获得外汇收入，还有利于实现能源出口多元化目标。因此，中俄两国在天然气领域的合作意愿强烈，该领域合作不断取得新突破。

中国通过参股的方式深度参与亚马尔天然气项目。亚马尔液化天然气项目的气源地南塔姆贝凝析气田位于俄罗斯亚马尔—涅涅茨自治区涅涅茨半岛，地处北极圈内，属大型凝析气开发、液化天然气生产、运输及销售一体化项目，是目前全球在北极地区开展的最大的液化天然气项目，也是中俄提出共建“冰上丝绸之路”后启动的首个全产业链能源合作项目，对两国“冰上丝绸之路”建设及能源合作将产生深远的影响。该项目计划年产 1650 万吨液化天然气和 120 万吨凝析油，项目计划分三期建设，每期液化天然气年产能 550 万吨。全部建成后，每年可向中国稳定供应 400 万吨以上液化天然气。该项目由俄罗斯诺瓦泰克公司主导，中国、法国、日本、韩国的企业都参与其中。中国在该项目中发挥了重要作用。中方持有亚马尔项目 29.9% 的股份，是该项目股权第二大持有国，其中，中国石油集团持股 20%，中国丝路基金持股 9.9%。为推动该项目的顺利实施，2015 年 12 月，丝路基金在与诺瓦泰克公司签署股权转让协议的同时还签署了融资协议，为亚马尔提供为期 15 年、总额约 7.3 亿欧元的长期贷款，2016 年，中国进出口银行和国家开发银行也分别与亚马尔公司签署了为期 15 年、总额为 93 亿欧元和 98 亿人民币的贷款协议。此外，中国石油集团、中国海洋石油总公司和宝钢集团有限公司还是该项目主要工程分包商和供应商，承揽项目模块生产。最后，中国还是该项目产品的重要购买方。亚马尔项目的产品主要销往亚太地区，2014 年 5 月，中石油集团与亚马尔项目公司签署每年 300 万吨为期 20 年的供销协议，购买量占亚马尔项目当前总产能的约 1/5。在销往亚太地区的产品中，中国还将进行间接购买，这意味着中国在亚马尔项目中采购量的比例将会更大。2017 年 12 月 8 日，亚马尔液化天然气项目正式投产。2018 年 7 月 19 日，首船来自亚马尔项目的 15.9 万立方米液化天然气通过东北航道顺利到达中国石油江苏如东 LNG 接收站。目前，亚马尔项目三条生产线全线启动，已生产并外运液化天然气超过 2000 万吨。

北极 LNG2 项目是中俄在北极地区的第二个大型能源合作项目。该项目位于俄罗斯格丹半岛北部的萨尔玛诺夫凝析气田，计划建设三条生产线，每条生产线年产能为 660 万吨，预计在

2023—2026 年建成投产。2019 年 4 月 25 日，在第二届“一带一路”高等论坛期间，中石油集团与诺瓦泰克股份公司就该项目签署合作框架协议。6 月 7 日，中国石油和中国海油分别与诺瓦泰克公司签署股权购买协议，分别在该项目中占股 10% 。

在中游领域，中俄东线天然气管道正式投产。中俄东线天然气管道工程项目包括俄罗斯境内段“西伯利亚力量”管道和中国境内段黑河—上海段。中国境内段管道长度为 3371 千米，分为三段分期建设，三段分别为：北段黑河—长岭、中段长岭—永清和南段永清—上海。其中北段干线长 715 千米，是整个工程中技术要求最高，施工难度最大，施工条件最艰苦的线路。2019 年 12 月 2 日，中俄东线天然气管道正式投产通气。该管道与中国国内现有输气管网连通，实现中国东北、京津冀和长三角等重点天然气市场输送清洁的天然气资源。中俄两国东线天然气合作充分体现了互利共赢原则，我国获得了长期稳定的天然气来源，有利于优化能源结构，改善大气环境。俄方在获得长期稳定出口收入的同时，也促进了远东地区经济和社会发展。

在下游领域，2016 年 9 月 2 日，在俄罗斯远东经济论坛上，中石化集团与俄罗斯石油公司签署协议，共同开展俄罗斯东西伯利亚天然气加工和石化综合设施项目的预可行性研究工作。双方将成立联合研究团队进行不同加工路线方案的比选工作，如协议规定的研究工作顺利完成，中俄双方将建立合资公司共同开展前端工程设计及项目建造、运营等工作。未来项目初步选址于博古恰内（位于克拉斯诺亚尔斯克边疆区），项目一期运营后预计加工天然气为 50 亿立方米/年，生产下游聚合物及石化产品，项目原料由俄罗斯石油公司的东西伯利亚尤鲁勃切诺—托霍姆大型油气田供应，主要面向俄罗斯及中国市场。

2017 年 8 月 3 日，中俄合作项目阿穆尔天然气加工厂正式开工，普京总统出席了开工仪式。该项目为中俄东线天然气管道俄罗斯境内段“西伯利亚力量”管道的配套项目，加工厂位于俄罗斯远东地区阿穆尔州斯沃博金区，距离中国黑龙江省黑河市仅200千米左右。阿穆尔天然气加工厂建设分为三个标段，均由中国企业以投标的方式参加。此次开工的为P1标段，由葛洲坝集团承建。该项目设计能力为年加工天然气420亿立方米，年产氦气600万立方米。项目建成后，该加工厂将成为世界最大的天然气处理厂之一。

2019年9月17日，中国石化与俄罗斯西布尔公司签署丁腈橡胶项目合作谅解备忘录，计划在中国合资建设年产能5万吨的丁腈橡胶生产装置，中俄双方在合资公司中的股份比例为60%∶40%。中石化与西布尔公司还签署了合资建设氢化苯乙烯—丁二烯嵌段共聚物项目框架合作协议，中俄双方在合资公司中的股份比例为50%∶50%。[①] 2019年10月11日，中国化学工程集团有限公司与俄罗斯天然气开采股份有限公司俄罗斯波罗的海化工综合体项目的总承包合同，合作建设全球最大乙烯一体化项目，该项目规模达到年产乙烯280万吨，聚乙烯288万吨，合同金额达到120亿欧元，折合人民币939亿元。

4. **电力领域**

中俄电力合作起步较早，从1992年起中国就开始从俄罗斯购电，此后两国电力贸易逐渐扩大。截至2019年，中国累计从俄罗斯购电304.22亿千瓦时，其中2019年自俄购电30亿千瓦时。自俄购电既能提高远东地区富余电能的利用率，又能减少煤耗，促进我国能源结构调整，对加强两国互联互通也起到促进作用。

---

① 《中国石化与西布尔签署项目合作协议 双方将合资建产能万吨/年丁腈橡胶装置》，2019年9月17日，新浪财经（http://finance.sina.com.cn/stock/relnews/us/2019-09-17/doc-iicezueu6497721.shtml）。

2016年5月，中国三峡集团与俄罗斯的水电公司签署了《中俄关于成立合资公司开发俄罗斯下布列亚水电项目的合作意向协议》，该项目是中俄在远东地区合作的重要项目，下布列亚水电站的建成能够增强该流域的防洪能力，水电站所发的电能能够回送中国。

2017年6月20日，中俄合资建设的华电捷宁斯卡娅电站投入运营。华电捷宁斯卡娅电站是由中国华电香港有限公司与俄罗斯第二地区电力股份公司共同投资，是目前中国在俄罗斯最大的电力能源类投资项目。该电站采用最先进的燃气发电设备，可降低25%的天然气消耗，降低三成大气污染排放量，燃气蒸汽循环供热。电站额定总装机容量483兆瓦，工程总投资5.7亿美元，设计年发电量30.2亿千瓦时。项目的顺利投入运营成为中俄两国在电力领域合作的标杆，具有良好的示范意义。

5. 核能领域

中俄两国核能合作主要通过田湾核电站和徐大堡核电站两大项目进行。田湾核电站一期工程1、2号机组已于2007年投入运营，二期工程3、4号机组分别于2018年2月和2018年12月投入商业运营。三期工程5、6号机组采用中核集团自主M310+改进机型，相继于2015年12月和2016年9月开工建设，计划2021年年底前投入商业运行。2018年6月，中核集团与俄罗斯国家原子能集团签署《田湾核电站7、8号机组框架合同》《徐大堡核电站框架合同》。2019年这两大核能合作项目又有新进展。2019年年初，中俄双方签署《田湾核电站7、8号机组总合同》，中俄迄今最大核能合作项目进入全面实施阶段。①

① 中国核能行业协会：《两国元首见证中俄迄今最大核能合作项目进入全面实施阶段》，2019年6月6日（http://www.china-nea.cn/site/content/36129.html）。

7号机组将于2021年5月开工，8号机组将于2022年3月开工建设。2019年6月5日，中俄签署《徐大堡核电站3、4号机组技术设计合同》和《徐大堡核电站3、4号机组总合同》，7月19日，中俄签署《田湾核电站7、8号机组燃料采购合同》，11月6日，签署《徐大堡核电站3、4号机组核燃料采购合同》。①

（四）金融合作

金融合作历来是中俄相邻地区经贸合作的重要组成部分。2008年国际金融危机后，国际金融合作的重要性日益凸显。中俄两国加强金融合作具有重要意义：首先，在危机时期，中俄金融合作有利于维持区域金融环境的稳定性，采取协调一致的政策应对危机；其次，后危机时代，在中俄两国经济联系日益密切的背景下，联手防范金融风险、加强金融合作是促进中俄经贸合作不断深化发展的重要条件；再次，加快推进本币结算能够有效规避汇率风险，有利于提升人民币的国际地位，摆脱区域发展的"美元陷阱"；最后，中俄两国在反洗钱及反恐融资、国际金融中心建设、共同推进国际金融体系改革等方面合作的不断深化将会进一步密切两国战略协作伙伴关系。经过多年的发展，中俄两国政府对于加强经贸合作都有着强烈迫切的愿望，金融合作是中俄经贸合作资金畅通的重要保障，它为两国经贸合作的扩展和深入创造了良好的条件，同时，贸易和投资规模的扩大、合作领域的扩展又对金融合作提出更高的要求。因此，完善金融合作机制、拓宽金融服务范围、创新金融合作模式将成为未来中俄金融合作的必要之举。

① 《中俄核电：与俄罗斯签署了多项采购合同》，2019年11月6日，新浪财经（http：//finance. sina. com. cn/stock/relnews/cn/2019－11－06/doc-iicezzrr7683058. shtml）。

1. 政府间财金合作

2015 年 11 月 9 日中国保险监督管理委员会与俄罗斯联邦中央银行签署《中俄保险监管合作谅解备忘录》，中俄双方将采取措施开展保险市场信息交换，建立相互协作机制，加强保险监管和业务合作将服务于双方投资项目，对中俄经贸与投资合作具有积极意义。2016 年 6 月 26 日，在已经签署的《中俄保险监管合作谅解备忘录》的基础上，中国保险监督委员会与俄罗斯央行签署了《关于 2016—2018 年保险领域合作的共同行动计划》，该计划涵盖了保险、再保险、核共体、设立共同基金、保险资金运用、航空航天保险、重工机械保险、丝绸之路经济带合作等一系列中俄双方共同关注的领域，该计划的签署及落实将推动中俄保险领域的合作进入新阶段。

2015 年 12 月 17 日，中国人民银行行长周小川与俄罗斯联邦中央银行行长纳比乌琳娜签署了《中国人民银行与俄罗斯联邦中央银行合作谅解备忘录》，积极落实两国元首关于深化双边金融合作达成的重要共识。2016 年 6 月，中国人民银行与俄罗斯中央银行签署《关于在华设立代表处的协议》，2017 年 5 月，根据该协议，俄罗斯央行在北京开设的代表处正式挂牌，这是俄罗斯央行在国外设立的首家代表处，是外国央行在中国设立的第八家代表处，代表处的设立有利于加强中俄两国央行间的交流与合作，促进金融合作深化发展。

2015 年 12 月 17 日，中俄两国财政部签署《中华人民共和国财政部与俄罗斯联邦财政部财金领域合作谅解备忘录》。2019 年 8 月 22 日，第八次中俄财长对话期间，两国财政部副部长共同签署了《中俄会计准则合作备忘录》和《中俄审计监管合作备忘录》,① 这两份文件的签署成为中俄两国会计监管合作的里

---

① 《第八次中俄财长对话在莫斯科举行》，2019 年 8 月 23 日，中国政府网（http：//www. gov. cn/xinwen/2019 -08/23/content_ 5423948. htm）。

程碑事件，为两国企业跨境发行债券及资金融通提供了制度保障。

2. 跨境贸易本币结算

（1）跨境贸易本币结算的发展历程

为了促进边境贸易的进一步发展，中俄两国央行积极推行跨境贸易本币结算业务。早在2001年下半年，中国黑龙江省黑河各家银行与俄罗斯布拉戈维申斯克市各家账户行已开始就本币结算问题进行接触，向企业客户进行多方面的业务需求调查，尝试草拟中俄两国银行以本币为计价单位结算的操作规程。2002年8月22日，中俄银行合作分委会在上海签订了《中国人民银行与俄罗斯联邦中央银行关于边境地区贸易的银行结算协定》。2002年12月，中俄两国又签订了《关于实施2002年8月22日签署的〈关于边境地区贸易的银行结算协定〉的纪要》。2003年3月，中俄贸易本币结算在中国银行黑龙江省黑河分行与俄罗斯布拉戈维申斯克市远东外贸股份商业银行之间首次拉开序幕，这标志着中俄贸易本币结算正式进入试行阶段。2004年9月，鉴于边贸本币结算试行情况良好，中俄双方签署纪要，决定从2005年1月1日起，将本币结算试点范围扩大至两国所有的边境口岸及俄方与我国接壤的六个联邦主体。纪要还规定，中国人民银行地方分支机构和俄罗斯联邦中央银行地方分支机构之间按照《信息交换指标清单》进行信息交换，信息交换的内容涵盖双方代理行账户间的资金流动、兑换业务数额、两国货币现金出入境数额等。2006年11月，中俄双方签署《关于扩大中国境内提供中俄边贸本币结算服务的银行所在地的地域范围的纪要》，将两国本币结算银行服务所在地的范围扩大到中方黑龙江、吉林、内蒙古、新疆四个省区全境。2007年11月，中俄双方签署《关于本币结算范围扩展至边境旅游服务的纪要》，决定从2008年1月1日起，将本币结算业务的服务范围扩大到旅游服务。2011 年 6 月 23 日，中国人民银行与俄罗斯联邦中央银行又签订新的双边本币结算协定。协定签订后，中俄本币结算从边境贸易扩大到一般贸易，并扩大地域范围。协定规定两国经济活动主体可自行决定用自由兑换货币、人民币和卢布进行商品和服务的结算与支付。2016 年 6 月 25 日，中国人民银行与俄罗斯中央银行签署了在俄罗斯建立人民币清算安排的合作备忘录。9 月 23 日，中国人民银行宣布授权中国工商银行（莫斯科）股份有限公司担任俄罗斯人民币业务清算行。2017 年 3 月 22 日，中国工商银行在莫斯科正式启动俄罗斯人民币清算行服务。2019 年 6 月，中俄两国正式签署过渡到本币结算的政府间协议，根据协议，中俄两国将在双边贸易中扩大本币结算，建立卢布和人民币金融工具市场，两国央行以及俄罗斯财政部和中国商务部将展开谈判，就双边本币结算体系路线图达成共识，切实提高本币结算比例。

（2）跨境贸易本币结算及清算

中俄银行间本币结算主要采取点对点的账户行汇划结算模式，即通过中俄银行互设的代理行办理本币结算资金的汇款业务。边境贸易本币结算业务试行之初，由于不存在卢布与人民币汇价，每笔业务均需要依靠美元进行结算。对于中方银行而言，每发生一笔卢布业务，均按照中俄双方每天询价汇率将卢布兑换成美元调回国内或存放在国外代理行美元账户上，卢布账户余额始终保持为零。当时，中俄银行间结售汇业务均需通过美元账户进行周转，结算周期长，效率低。此后，国内各大商业银行会根据美元价格套算出人民币兑卢布汇价，并对外公布。2009 年 9 月，哈尔滨银行首次对外公布人民币卢布牌价。人民币与卢布汇价的发布为人民币与卢布兑换提供了价格依据，这可以使银行在结算过程中无须每笔业务都通过美元账户进行中转，而是以银行公布的汇价通过代理行账户与国内银行进行结算。在清算模式上，采用互设单边账户的形式，即中方银行在俄方设立卢布账户，俄方银行在中方设立人民币账户，再通过第三国清算行进行清算。在头寸管理方面，为了规避汇率波动的风险，中国各商业银行对于结算账户采取日终零头寸的做法，即每日营业结束后，将卢布账户上的头寸通过第三国清算行兑换为美元调回境内，卢布账户余额始终保持为零。然而这种形式的本币结算既没有体现人民币与卢布直接汇兑的成本优势，又没有摆脱对第三方清算行的依赖，不能视为真正意义的本币结算。

2010 年人民币与卢布挂牌交易后，人民币与卢布直接交易规模迅速扩大，人民币与卢布的国内交易市场逐渐建立。人民币与卢布交易市场的建立有助于本币结算实现真正落地。首先，在跨境贸易本币结算业务中，人民币与卢布汇价无须通过美元套算，降低了汇兑成本；其次，人民币与卢布交易市场可以使中方银行及时通过市场买卖卢布，提高了清算效率，以较低的成本解决了卢布头寸风险管理问题；最后，人民币与卢布交易市场为买卖双方银行提供高效交易平台，最大程度保证了买卖合同的执行，摆脱了代理行的垄断价格，降低了清算成本。

（3）中俄跨境贸易本币结算现状

2003 年，中俄双方边境贸易本币结算试行以来，黑龙江省本币结算业务从无到有，结算规模也呈快速增长趋势，本币结算在对俄贸易中的比重也逐年上升。2003 年，通过代理账户行办理的本币结算业务量为 1460 万美元，仅占该省当年对俄贸易的 0.5%，2009 年，本币结算业务量增长至 9.7 亿美元，约为 2003 年业务量的 67 倍，本币结算在该省当年对俄贸易额中的占比提高至 17.4%。这段时期，边境贸易本币结算的主要问题是卢布在本币结算中占绝对优势，人民币结算量非常小。2003—2009 年，黑龙江省中俄银行间本币结算累计金额为 29.17 亿美元，其中，卢布结算金额为 29.08 亿美元，占本币结算总量的 99.4%，而人民币结算金额仅为 1663 万美元，在本币结算总量中仅占0.6%。形成本币结算卢布“一边倒”局面的主要原因包括：第一，在中俄边境贸易中主要以中国出口为主，俄罗斯人是中国商品的消费者，因此在结算币种的选择权上占有更多主动。第二，中国边境小额贸易出口经营者对俄罗斯出口的主要商品为低附加值的劳动密集型产品及农副产品，这类产品可替代性强，在市场中面临的竞争大多比较激烈，为了在对俄贸易中抢占市场，出口商被迫接受卢布作为结算货币，大多采取在俄罗斯境内销售商品直接取得卢布再汇回中国进行核销的方式。

从2010年起，黑龙江省人民币结算量大幅攀升，到2013年，本币结算卢布“一边倒”的形势已发生根本性逆转。2013年，黑龙江省中俄银行间办理本币结算业务9.86亿美元，其中，卢布结算业务为4.69亿美元，人民币结算业务5.17亿美元，人民币结算在中俄银行间本币结算中的比例超过卢布，达到52.4%。[①] 2015年，黑龙江省中俄本币结算业务量为4.99亿美元，其中人民币结算量为3.07亿美元，在本币结算总量中的占比已达到61.5%。[②] 人民币结算量迅速提高的主要原因包括：第一，2012年之后俄罗斯经济结构性放缓，乌克兰危机爆发后，在美元走强、国际油价下跌、西方制裁等多重因素的叠加作用下，俄罗斯经济更是雪上加霜，卢布剧烈波动，大幅贬值。而相比之下，中国拥有强大的外汇储备，稳定的金融市场，宏观经济基本面向好，人民币币值稳定，国际地位稳步提升。币值稳定为人民币结算量快速增长创造了良好条件。第二，中俄贸易从以边境小额贸易为主向以一般贸易、加工贸易为主的方式转变，近10年来，一般贸易在中俄贸易中的比重逐渐加大。与

---

① 《我省金融合作不断升级》，《黑龙江日报》2014年2月21日第1版。

② 《推进重大合作项目落地改革试点政策开展金融交流活动》，《黑龙江日报》2016年1月18日第1版。

边境小额贸易经营者相比，一般贸易经营者资金实力较强，管理更加规范，拥有稳定的贸易伙伴，因此，在结算的币种的选择上也拥有更强的议价能力。第三，2014 年以来，卢布大幅贬值，中国出口商品在俄罗斯的价格优势逐渐消失，出口锐减，而在电子商务蓬勃发展的推动下，中国自俄进口出现增长，中国作为进口方在结算币种的选择上可以掌握更多主动。

内蒙古自治区在推动中俄本币结算方面也取得了相关进展。2005 年 12 月，中国农业银行满洲里分行与俄罗斯联邦外贸银行赤塔分行和俄罗斯远东对外贸易银行互设了代理行账户，内蒙古自治区中俄边贸本币结算取得了零的突破。到目前为止，该省贸易结算币种仍以美元为主，本币结算量相对较小。满洲里拥有中国最大的陆路口岸，所产生的对外贸易额和结算量都很大，随着人民币国际地位的提升，人民币结算量的增长仍具有很大空间。

2016 年《中俄两国总理会晤联合公报》中明确提出："采取措施扩大本币结算业务的宣传，鼓励双边贸易和投资参与者更多地使用本币进行结算，中方欢迎俄方在俄罗斯市场发行人民币债券。"2016 年，人民币与卢布交易量稳步增长，尤其在边境贸易中，人民币结算快速增长，2016 年 1—9 月，俄罗斯外贸银行在远东联邦区的人民币结算金额达到 3.2 亿元，同比增长 30.6%。

3. 商业银行间业务合作

（1）中俄两国银行互设机构及代理行

中俄两国银行互设金融机构及代理行能够有效缩短资金在途时间，提高结算效率，是促进贸易发展及推动本币结算的重要途径。

早在 1993 年，中国银行就在莫斯科设立了子银行，截至 2016 年年底，共有 6 家中资银行在俄罗斯设有 5 家子行及分行和2家代表处（见表3.5）。

表3.5 中资银行在俄机构情况

银行名称	当地机构	设立时间
中国银行	中国银行（俄罗斯）	1993年4月
	中国银行（俄罗斯）滨海分行	2013年
中国工商银行	中国工商银行（莫斯科）股份公司	2007年11月
中国建设银行	中国建设银行（俄罗斯）有限责任公司	2013年3月
中国农业银行	中国农业银行（莫斯科）有限公司	2014年
国家开发银行	莫斯科代表处	2010年9月
中国进出口银行	圣彼得堡代表处	2007年6月

资料来源：笔者整理。

早在1989年俄罗斯外贸银行就在中国设立了代表处，随着中国经济的快速发展，俄罗斯对于中国这一合作伙伴的重视程度也与日俱增。截至2016年年底，共有9家俄罗斯的银行在华设有1家分行和10家代表处（见表3.6）。

表3.6 俄资银行在华机构情况

银行名称	当地机构	设立时间
俄罗斯外贸银行公开股份公司	北京代表处	1989年9月
	上海分行	2007年12月
俄罗斯信贷商业银行	北京代表处	1996年4月
俄罗斯开发与对外经济银行	北京代表处	1999年4月
俄罗斯工业通讯银行开放式股份有限公司	北京代表处	2004年3月
俄罗斯天然气工业银行股份公司	北京代表处	2006年7月
俄罗斯兴盛银行开放式股份公司	北京代表处	2008年8月
俄罗斯欧洲金融莫斯科人民银行公开股份公司	北京代表处	2009年7月
俄罗斯储蓄银行公开股份公司	北京代表处	2010年6月
俄罗斯农业银行	北京代表处	2015年
俄罗斯中央银行	北京代表处	2016年6月

资料来源：笔者整理。

黑龙江省在与俄罗斯银行互设代理行方面走在全国前列。1995 年 5 月，中国农业银行黑河分行率先与俄罗斯阿穆尔州商业股份银行（现东方快捷银行）正式建立了代理行账户关系，互设美元结算账户，正式开通了美元现汇结算业务，这标志着中俄两国银行间直接通汇业务的开始。截至 2015 年年底，黑龙江省已有 10 家银行机构与俄罗斯 24 家银行机构共设代理行账户 130 个，与俄方签约的代理行主要分布在俄罗斯滨海边疆区和俄罗斯远东地区的符拉迪沃斯托克、乌苏里斯克、哈巴罗夫斯克、布拉戈维申斯克等主要城市。①

内蒙古自治区也与俄罗斯相邻地区的商业银行合作，双方互设了代理行及账户行。截至 2015 年上半年，满洲里外汇指定银行与俄罗斯银行共建立了 13 个账户行关系，其中，中国工商银行建立了 2 个美元账户；中国银行建立了 1 个美元账户；中国建设银行建立了 1 个美元账户、1 个本币账户；中国农业银行建立了 5 个美元账户、3 个本币账户（见表 3.7）。

表 3.7　　满洲里市与俄罗斯建立账户行基本情况

中方银行名称	俄方账户行名称	建立账户行时间	设立方式	账户币种
中国工商银行满洲里分行	俄罗斯储蓄银行贝加尔分行	2002 年 3 月	单方在俄罗斯	美元
	俄罗斯储蓄银行贝加尔分行	2009 年 12 月	单方在俄罗斯	美元
中国银行满洲里分行	俄罗斯储蓄银行贝加尔分行	2003 年 3 月	互设	美元
中国建设银行满洲里分行	俄罗斯工业服务银行	2011 年 4 月	单方在中国	美元、人民币

① 《推进重大合作项目落地改革试点政策开展金融交流活动》，《黑龙江日报》2016 年 1 月 18 日第 1 版。

续表

中方银行名称	俄方账户行名称	建立账户行时间	设立方式	账户币种
中国农业银行满洲里分行	俄罗斯外贸银行赤塔分行	2000 年 8 月	单方在俄罗斯	美元
	俄罗斯远东对外贸易银行（东方快捷银行）	2003 年 6 月	单方在中国	美元
	俄罗斯储蓄银行贝加尔分行	2004 年 9 月	互设	美元
	俄罗斯乌兰乌德 BIN 股份制商业银行	2004 年 11 月	单方在中国	美元
	俄罗斯储蓄银行贝加尔分行	2005 年 8 月	单方在俄罗斯	卢布
	俄罗斯远东对外贸易银行（东方快捷银行）	2005 年 12 月（人民币）2006 年 9 月（卢布）	互设	人民币、卢布
	俄罗斯外贸银行赤塔分行	2003 年 3 月（卢布）2005 年 12 月（人民币）	互设	人民币、卢布
	俄罗斯工业服务银行	2010 年 6 月	单方在中国	美元

资料来源：笔者根据在人民银行满洲里分行调研资料整理。

（2）人民币与卢布挂牌交易

俄罗斯方面，2010 年 12 月 15 日，人民币在俄罗斯莫斯科外汇交易所挂牌上市。俄罗斯成为人民币首个在境外挂牌上市的国家。交易时，每笔交易以 1000 元人民币为基本单位，采用当天交割方式进行资金清算。人民币在俄罗斯挂牌上市对于提高人民币结算量起到了积极作用。

中国方面，自 2010 年 11 月 22 日起，经中国人民银行授权，中国外汇交易中心银行间外汇市场开办人民币对俄罗斯卢布即期交易。交易主体为具备银行间即期外汇市场会员资格的机构，交易方式为询价和竞价，交易实行做市商制度。2010 年 12 月 17 日，哈尔滨银行依据国家边境贸易外汇管理规定，出资建立黑龙江卢布现钞交易中心，这为境内卢布现钞交易提供了合法的交易平台，有效打击了非法卢布兑换，满足了对俄边贸企业和旅游公司对外支付卢布现钞的需求。

（3）人民币与卢布现钞的兑换及使用

中俄两国积极推行跨境贸易本币结算的同时，在合作推广卢布在中国及人民币在俄罗斯现钞的兑换及使用方面也做出了相应努力。

卢布与人民币现钞兑换开始试行并进展顺利。2007 年，中国银行黑龙江省黑河分行和哈尔滨银行率先试点开办卢布与人民币现钞双向兑换业务。目前，黑龙江省办理卢布与人民币现钞兑换业务的区域从哈尔滨、黑河两市扩大至绥芬河、东宁、佳木斯和同江等地。2013 年黑龙江省共办理人民币与卢布现钞兑换业务 7547 笔，金额 91.4 亿卢布。

绥芬河成为卢布现钞使用试点城市。绥芬河是黑龙江最大的边境口岸，在长期的贸易往来中，卢布在该市的使用形成了一定规模，虽然对俄罗斯游客服务的商场、酒店并未用卢布标价，但在这些场所都可以直接使用卢布进行交易，这导致卢布现钞使用长期处于非法状态。据估算，绥芬河口岸的卢布现钞流入量基本保持在年均 200 亿—300 亿卢布，折合人民币约 20 亿—30 亿元，对人民币主体地位的冲击影响很小，完全在可控范围内。2013 年，绥芬河被批准成为中国首个卢布使用试点城市，这是中国首次允许一种外币在中国某个特定领域行使与主权货币同等功能。2015 年 8 月，卢布现钞试点工作在绥芬河正式开展，绥芬河市场中销售的商品可以用卢布标价，俄罗斯商人及游客可以直接用卢布消费，卢布在绥芬河市可以自由存取。允许在绥芬河使用卢布现钞，逐步将民间卢布现钞兑换市场纳入银行体系，使其公开化、市场化、合法化，这不仅有利于中俄经贸合作的健康发展，对人民币在俄罗斯取得对等地位也起到积极的带动作用。

为了应对现钞兑换的日常需要，在头寸管理方面，允许保留一定额度的卢布头寸。哈尔滨银行的做法是“总量控制，限额管理”，即设定所有境外代理行每日卢布头寸风险敞口总额的上限，根据各代理行的实际需求核定不同的头寸额度，代理行之间可以根据实际情况相互调剂，在中小型代理行中尽量少保留或不保留头寸，在大型代理行中可在规定额度内保留卢布头寸，如超过规定额度要及时平盘，并调回相应的外币或人民币。

（4）人民币与卢布现钞跨境调运

随着卢布与人民币现汇结算和现钞兑换业务的开展，中俄两国相关银行需对现钞头寸进行严格的管理，为应对现钞兑换的日常需要和风险管控，中俄双方合作代理行要进行资金跨境调运，对调本币，通过总量控制的办法最大限度降低汇率风险。

黑龙江省在卢布与人民币跨境调运方面进行了最早尝试。早在2003年12月，中国银行黑河分行与俄罗斯远东外贸银行就尝试了卢布调运业务，调运金额为231万卢布。近年来，卢布跨境调运逐渐专业化、规模化。2012年，哈尔滨银行通过北京海关首次以空运模式向俄罗斯莫斯科波罗的海发展银行跨境调运500万卢布现钞。此后，哈尔滨银行与国际知名安保运输公司合作，建立哈尔滨—北京—莫斯科现钞调运渠道。2014年，黑龙江省外汇局与哈尔滨银行协同俄罗斯远东金融管理局、符拉迪沃斯托克海关等相关部门开辟了哈尔滨—北京—符拉迪沃斯托克的远东地区卢布现钞跨境调运渠道，该渠道开辟后，现钞调运流程可由原来的4—5天缩短至2—3天，运费等资金成本也相应降低。2015年上半年，哈尔滨银行卢布现钞交易量为14.03亿卢布，累计跨境调运卢布现钞10.8亿卢布，同比增长73%。①

人民币调运方面，2015年，在人民银行北京营管部和哈尔滨

① 《哈尔滨银行成中国最大对俄人民币现钞跨境调缴金融机构》，2016年2月18日，中国新闻网（http://www.chinanews.com/df/2016/02-18/7763346.shtml）。

中心支行的审核批准下，哈尔滨银行经北京海关以空运的方式向俄罗斯亚洲太平洋银行跨境调运人民币现钞500万元。此次调运明确了人民币现钞跨境调运中俄双方海关通关流程和手续，为此后现钞调运业务常态化运行积累了经验。截至2015年年底，哈尔滨银行已对俄罗斯调运人民币现钞3笔，累计金额3500万元人民币。

此外，吉林省珲春口岸的金融机构也启动了卢布和人民币跨境调运业务。2015年珲春农村商业银行从俄罗斯滨海边疆区商业银行以陆路汽车运输的方式调入200万卢布现钞和2万元人民币现钞，从珲春农商行向俄罗斯滨海边疆区商业银行调出500万卢布和20万元人民币现钞。

（5）银行卡合作

银行卡的使用避免了中俄双方客商随身携带大量外汇的不便，便利了商贸活动，也为人民币在俄罗斯的推广创造了条件。中俄银行间最早的银行卡合作始于2002年，中国农业银行边贸口岸行与俄罗斯银行签订了金冠卡代理协议，开始办理金冠卡代付业务。2009年2月，中国农业银行黑龙江省分行与俄罗斯滨海社会商业银行签署合作协议，推出金穗借记卡境外取现业务。持卡人可通过中国农业银行设置在俄罗斯的POS机提取美元、卢布及人民币现钞。乌克兰危机之后，国际支付系统VISA和万事达一度停止了对俄业务，这间接为中国银联卡在俄罗斯的推广创造了有利时机。2014年，银联国际与俄罗斯东方快捷银行签署合作协议，根据协议，银联国际与俄罗斯合作发行币种为卢布、人民币的银联白金卡或钻石卡。俄罗斯人持有东方快捷银行发行的银联卡，可以享受到与中国国内银联卡持卡人同样便捷、安全的金融服务。到2015年年底，已有20余家俄罗斯的银行机构与中国银联开展合作，在俄共发行银联借记卡41万张，共28万俄罗斯商户办理了银联卡，近4万台ATM机开通了银联卡取现业务。① 2016 年 9 月，中国银联与俄罗斯国家支付卡公司（NSPK）签署协议，启动银行卡合作，所发行的银联和 MIR 借记卡可同时在双方支付系统中使用。此后中国银联又与俄罗斯国家支付卡公司就双标式卡合作签署协议，2017 年 7 月，由俄罗斯农业银行发行的银联—MIR 双标借记卡问世。这两项协议的签署一方面将俄罗斯 MIR 卡的使用范围从俄罗斯境内扩展到覆盖 160 多个国家和地区的银联网络，另一方面银联在俄罗斯当地银行大规模发行银联卡也取得积极进展。2017 年 5 月，中国银联又与俄罗斯最大的商业银行——俄罗斯联邦储蓄银行签署合作协议，根据协议，俄罗斯联邦储蓄银行开通该行所有 ATM 支持银联卡，并逐步实现旗下所有商户用银联卡支付，自此银联卡在俄罗斯 ATM 机和商户中的覆盖范围大幅拓展。截至 2018 年年底，中国银联在俄罗斯 ATM 机和商户的覆盖率超过 85%。2018 年 12 月，中国银联还与俄罗斯 Unistream 支付系统联合推出跨国汇款服务，汇款者只需要有收款人银联卡的卡号，不需要其他信息，就能通过俄罗斯 Unistream 支付系统向银联卡汇款，最多只需 1 分钟时间，且没有任何手续费。

（6）跨境电商支付结算

近年来，中俄跨境电子商务蓬勃发展，物流渠道和支付结算渠道的畅通是跨境电商顺利运营的保障，因此，搭建对俄跨境电商支付结算平台成为中俄银行间合作的重要内容。2015 年，中国银行绥芬河支行与易智付科技（北京）有限公司共同搭建“绥易通”跨境电商平台，整合金融、海关、税务、物流和仓储等多方优势资源，支持以人民币或外币标价、结算，接受银行卡付款。哈尔滨银行是国内首家启动中俄跨境电子商务在线支付服务的银行，建立了跨境电子商务结算系统，与 20 余家在线

① 《推进重大合作项目落地改革试点政策开展金融交流活动》，《黑龙江日报》2016 年 1 月 18 日。

支付服务商展开合作，能够支持俄罗斯大多数主流支付方式的跨境在线支付、收款、结算，涵盖俄电子钱包、银行卡、网上银行、手机支付终端机等，解决了境内对俄电商企业收汇难、结汇难、网上支付成本高、支付安全缺乏保障等问题。该结算系统运营期间累计处理跨境在线支付交易230万笔，结算金额达7.6亿元人民币。①

（7）成立中俄金融联盟

中俄金融联盟于2015年10月正式成立，该联盟是由哈尔滨银行与俄罗斯资产规模最大的俄罗斯联邦诸蓄银行牵头发起建立的非营利性、开放式跨国金融合作组织，旨在增进中俄两国在金融领域的信息交流，并在代理行关系建立、双边本币结算及现钞业务、国际贸易及信保融资、组织银团贷款、中俄地方基础设施建设项目融资以及在全球市场交易业务等领域达成广泛合作。该联盟成立后，联盟成员不断增加，成员行已从最早的35家增加到72家，成员行涵盖银行、信托、基金、保险、资产管理公司、融资租赁、行业协会、评级机构、咨询公司等十多类金融机构。

2016年4月8日，该联盟在海南举行创新论坛，就当前金融领域及中俄经贸合作中的热点问题进行深入探讨。论坛期间，中俄双方金融机构达成多项合作：俄罗斯联邦储蓄银行、亚太银行、远东发展基金与中方的哈尔滨银行、海南银行、包商银行、内蒙古银行、重庆银行和大连银行等金融机构，共同签署了支持俄罗斯远东和西伯利亚地区超前发展金融合作协议；中俄金融联盟中方成员代表与俄罗斯联邦储蓄银行企业大学签署培训交流合作协议；海南银行与哈尔滨银行签署全面战略合作协议，就为“候鸟老人”和游客提供特色金融服务开展深度合

① 《加快金融创新，护航“龙江丝路带”》，《黑龙江日报》2016年9月3日。

作。2016 年 9 月 1 日，中俄金融联盟第二届成员大会在俄罗斯符拉迪沃斯托克举行，通过了杭州银行等 8 家中俄新成员机构加入联盟的表决。会议中，哈尔滨银行还与俄罗斯联邦储蓄银行签署了《Finline 远程银行服务协议》。

2019 年 5 月第五届中俄联盟成员大会期间，成员行签署了《哈尔滨银行与储蓄银行现钞跨境调运合作协议》《中方成员单位与莫斯科信贷银行银团借款合作意向书》《中俄金融联盟成员（中方同业）流动性应急互助框架协议》等合作协议，圣彼得堡经济论坛期间，成员行间还签署了《同业借款协议》《现钞跨境调运合作协议》《贸易融资合作协议》等协议。目前，该联盟成员开展了跨境同业银团贷款、中俄本币购售、卢布衍生品交易、现钞跨境调运、在线跨境支付等业务，总金额超过 170 亿元。中俄金融联盟已成为两国商业银行间业务合作的重要平台。

4. 货币互换

央行间的货币互换是指两国央行签订协议，在一定规模内，以本国货币为抵押换取等额对方货币。2008 年国际金融危机后，货币当局间的货币互换迅速发展，这实际上是对美国滥用中心货币霸权的一种有力回应。就中国而言，这种机制也为人民币成为国际储备货币开辟了重要途径。在应对危机之后，这种货币互换安排还在国际贸易中发挥着重要的作用：央行间签订货币互换协议，将他国货币注入本国金融体系，本国商业机构可以借到对方货币，用于支付从对方进口的商品，对于本国的出口企业而言，得到的是本币计值的货款，有效地规避了汇率风险，降低了汇兑费用。①

2014 年 10 月，中俄总理第十九次会晤期间，中俄双方签署

① 郭晓琼：《上海合作组织金融合作及中国的利益诉求》，《俄罗斯东欧中亚研究》2015 年第 2 期。

了1500亿元人民币/8150亿卢布的本币互换协议，有效期为3年，经双方同意可以延期。具体操作流程为：假如俄方为发起方，俄方需向中国人民银行提出执行货币互换申请，俄方可发起的人民币贷款最高限额为1500亿元人民币。假设俄罗斯央行发起1亿元人民币贷款，发起时人民币兑卢布汇率为1∶10，则俄罗斯央行在获得这1亿元人民币的同时，需向中国人民银行缴纳10亿卢布作为抵押，到期后，俄罗斯央行应偿还中国1亿元人民币，并按照中国人民银行相关利率支付利息，最后将10亿卢布收回。货币互换能够有效地规避汇率风险，有利于提高双边贸易和投资的便利性。

中美发生贸易争端，俄罗斯也仍处于美国经济制裁之下，中俄两国联手推动去美元化趋势加快。2017年11月22日，中国人民银行与俄罗斯央行续签双边本币互换协议，协议规模为1500亿元人民币/13250亿卢布，有效期为3年。① 2018年以来，中俄货币互换额快速增长，根据俄罗斯莫斯科交易所的数据，2018年前10个月中俄货币互换额度达到9430亿卢布，约是2017年6287亿卢布规模的1.5倍。中国银行间市场购买卢布的人民币业务量也快速增长，2018年前三季度增幅高达105.3%，达到49亿元人民币。

5. 跨境支付系统合作

乌克兰危机后，西方国家对俄实施金融、军事、能源等多领域的制裁。在金融制裁方面，2014年美国曾经冻结维萨卡和万事达卡支付功能，尽管这一制裁措施在两天之后取消，但却为俄罗斯敲响了警钟，坚定了其建立本国支付体系的决心。2015年俄罗斯开始启动金融信息传输系统，旨在降低对SWIFT

① 中国人民银行：《2017年中国货币政策大事记》，2018年3月2日，http：//www.pbc.gov.cn//goutongjiaoliu/113456/113469/3491684/index.html。

系统的依赖。2015 年 10 月，中国推出人民币跨境支付系统（CIPS），目前已覆盖全球 160 多个国家和地区，31 家银行直接参与，847 家银行间接参与，其中参与银行最多的国家是日本，俄罗斯次之，有 23 家银行参与人民币跨境支付系统。截至 2019 年 7 月，人民币跨境支付系统累计处理业务超过 400 万笔，金额达到 60 万亿元人民币以上。人民币跨境支付系统作为重要的金融基础设施，在推动“一带一路”建设和人民币国际化进程中，发挥着重要作用。近年来，中俄两大跨境支付系统之间的合作也在加强，两国将共同致力于建立中俄企业间跨境支付机制，在人民币跨境支付系统与俄罗斯金融信息传输系统之间建立支付网关，该机制成功建立之后可替代美国控制的 SWIFT 国际支付体系。

6. 投融资合作

（1）开发性金融

开发性金融是政策性金融的深化和发展，其资金主要用于支持国家重点开发项目，以融资支持项目运行的方式推动国家重点领域的市场建设及制度建设。开发性金融为国家发展目标服务，体现政府意志，具有国家信用，而其具体运作则采用市场化方式，这种财政资金信贷化的金融安排能够有效地将国家发展目标与市场原则相结合，弥补市场失灵，调控宏观经济。开发性金融方法在对俄合作中的运用，有利于维护我国经济和能源安全、开拓国际市场、支持中国企业“走出去”，在贯彻和落实国家的经济及外交战略等方面都发挥了积极、重要的作用。

中国国家开发银行是中国在对俄合作中实施开发性金融的主要机构。2005 年以来，国开行成功促成了中石油、中石化、中信等公司在俄罗斯的重大投资项目，为俄罗斯能源等基础设施项目提供了重要的资金支持。“贷款换石油”就是国开行实施开发性金融的典型案例。2008 年，中国总理温家宝访俄期间，中俄双方签署协议，根据协议，中国分别向俄罗斯石油公司和俄罗斯石油管道运输公司提供150亿美元和100亿美元的贷款用于铺设石油管道，俄罗斯则应于2011年至2030年每年对华出口1500万吨石油。对于中国而言，一方面“贷款换石油”为国内资本“走出去”开辟了渠道，另一方面，使中国获得了稳定的能源供应，为国家经济发展提供了有力的能源保障。2013年，国开行还与俄罗斯对外经济银行签署12亿美元信贷协议，用于建设莫斯科“光荣”科技园区。

由政府主导的中俄投资基金和丝路基金是中国在对外经济合作中进行开发性金融的新举措，也是中国推行区域经济一体化进程中的新尝试。基金遵照市场化、国际化、专业化的原则，在未来丝绸之路经济带与欧亚经济联盟对接过程中，中俄投资基金和丝路基金作为新的开发性金融举措将对推动中俄经贸合作的深化和发展发挥重要作用。

（2）出口买方信贷

中国为鼓励汽车、船舶等成套设备及机电产品等商品对俄出口，通过提供保险、融资、利息补贴等方式鼓励我国商业银行向俄罗斯的金融机构或进口商提供优惠贷款，支持俄方购买中国出口商品。出口买方信贷与普通贷款业务相比具有利率低、金额大、期限长的特点。早在2002年，中国进出口银行就与俄罗斯外贸银行签订了框架协议，由中方向俄方提供1亿美元的出口买方信贷。此后，中国银行、中国建设银行、中国工商银行和中国农业银行都与俄罗斯金融机构签订过出口买方信贷协议。对于中方企业而言，由于俄罗斯进口商获得了中方银行的信贷支持，增加了中国企业中标的可能性，提高了企业的竞争力，对于中方银行而言，出口买方信贷可以获得中国出口信用保险公司的保险，贷款业务的风险相对较低。可以说，出口买方信贷为中国企业及金融机构开拓俄罗斯市场提供了有力的支持和保障。

（3）**银团贷款**

银团贷款是指由两家或两家以上银行或金融机构采用同一贷款协议，根据约定的时间和比例，向某一企业或某一项目提供贷款的融资方式。2005 年，中国农业银行新加坡分行曾参与国际银团向俄罗斯对外经济银行的银团贷款，总额度为 3 亿美元。以参与银团贷款的方式对俄融资，为我国商业银行及金融机构以相对低的风险、相对少的资金涉足俄罗斯一些大型项目创造了更多可能。

2016 年 7 月 13 日，哈尔滨银行联合郑州银行、九江银行、包商银行、中泰信托等 16 家中方金融机构与俄罗斯对外经济银行签署总金额为 100 亿元人民币的银团贷款合作协议，根据协议，这笔资金将用于中俄两国经贸合作项目及基础设施建设。

（4）**熊猫债券**

熊猫债券是指境外机构在中国发行的以人民币计价的债券，属于外国债券。根据管理办法，熊猫债券所筹集到的资金不得换成外汇转移至境外，因此最可能发行人民币债券的海外机构主要为在中国有大量现金流收入的海外企业或快速拓展中国境内业务的外资金融机构。2017 年 3 月 17 日，俄罗斯铝业联合公司在上交所完成首单熊猫债券的发行，总金额为 100 亿元，分期发行，首期为 10 亿元。9 月 1 日，该公司在上交所再次发行第二期熊猫债券，发行规模为 5 亿元。两期债券均由中国国际金融有限公司承销，债项评级为 AAA 级，票面利率 5.5%，期限为 3 年，其中附两年末投资者回售权。尽管此次熊猫债券发行规模不大，但其成功发行是“一带一路”沿线国家在中国资本市场融资的有益尝试，同时有利于提高中国债券市场的国际化程度。

7. 反洗钱及反恐融资合作

随着经济全球化进程的不断加快，洗钱和恐怖主义融资犯罪逐渐成为全球性威胁，新兴市场和发展中国家往往成为洗钱资金的中转站及流出地。近年来，中国和俄罗斯跨境洗钱活动均出现增长势头，一些跨境洗钱活动还与贪污、腐败、电信诈骗、网络诈骗等经济犯罪相联系，成为危害国家金融安全及社会稳定的重大隐患。因此，广泛深入地参与反洗钱国际合作对中、俄两国而言都势在必行。

早在2002年12月，中国人民银行就与俄罗斯中央银行签署了《关于反洗钱信息交流和人员培训协议》，此后，中俄双方多次召开研讨会，就洗钱类型、趋势等问题进行探讨。2004年6月，欧亚反洗钱与反恐融资小组（EAG）在莫斯科成立，中国和俄罗斯、白俄罗斯、哈萨克斯坦、塔吉克斯坦、吉尔吉斯斯坦六国成为该组织的创始成员国，这是中国参与反洗钱国际合作迈出的重要的一步，该组织已成为中国与俄罗斯、中亚及南亚国家开展非传统安全合作的重要平台。2005年1月，中国成为反洗钱金融行动特别工作组（FATF）的观察员，2007年6月，中国成为该组织正式成员，更加广泛地参与到国际反洗钱和反恐融资事务中。2006年，中国人民银行与俄罗斯金融监管局专门就反洗钱和反恐融资形势进行了充分交流，双方签署了《关于反洗钱与反恐融资合作与信息交流协议》，此后在协议基础上，两国金融情报机构在情报交流、系统开发、前沿问题研究等方面开展广泛合作，提高打击洗钱和恐怖主义融资的力度。2007年3月，中国反洗钱监测分析中心与俄罗斯金融监管局签订《反洗钱谅解备忘录》，根据备忘录，中俄双方在涉嫌洗钱、恐怖主义融资及相关犯罪情报的收集、分析等方面开展合作。2016年6月，中国人民银行与俄罗斯中央银行签署《关于预防洗钱和恐怖融资谅解备忘录》，备忘录包含反洗钱监管合作、信息交流、现场检查、人员交流与培训等多方面内容，这份文件的签署对落实反洗钱和反恐融资国际标准及中俄双方加强在反洗钱监管交流、金融情报交换等领域的合作具有重要意义。

（五）产能合作

2015 年 5 月，国务院发布《关于推进国际产能和装备制造合作的指导意见》，国际产能合作作为深化与相关国家互利共赢及共同发展的重要内容，成为中国外交的“新名片”，也是推动“一带一路”这一重大经济和外交战略的重要抓手。2015 年 12 月，在中俄总理第二十次会晤期间，李克强总理表示：“中方愿同俄方共同努力，发挥相互投资的引擎作用，把产能和装备制造合作作为新的增长点。”2016 年，中俄产能合作逐步展开，中俄两国陆续签订了一些产能合作协议。

2016 年 4 月，中俄双方签署了多项在俄罗斯远东地区建厂的谅解备忘录，中方提出了将 12 个先进经济行业的产能转移到俄罗斯的倡议，包括造船、化工、冶金、建筑、能源、机械制造、纺织、水泥、通信、农业等。针对俄方部分反对者提出的中国企业将会挤压当地产业发展空间和造成环境污染等反对意见，中方强调，中国推动的国际产能合作是先进产业和产能的输出，技术和环保指标不达标的落后产能不具备国际产能合作的条件，中国先进产能的“走出去”能够帮助引进国家完善其工业体系，提高其制造能力，这是顺应经济规律的创新和共赢之举。俄方表示，这些产能将建在俄罗斯远东超前发展区和符拉迪沃斯托克自由港，在俄建厂的中国企业在严格遵守俄罗斯环保标准的前提下，将获得税收优惠和行政特惠待遇。

2016 年 6 月 5 日，中国中部国际产能合作论坛俄罗斯专场在武汉举行。依托长江中上游与伏尔加流域地区合作平台，中俄双方企业达成多项产能合作意向：武钢集团向下诺夫哥罗德 GAZ 汽车集团出口高牌号冷轧超深冲钢卷；三环集团为萨马拉州陶里亚蒂市长期提供乘用车喇叭等产品；东风扬子江与萨拉托夫州合作电动公交车项目等。

（六）科技创新合作

中俄科技创新合作一直是两国合作的重点领域，中国高度重视科技创新，每年投入大量资金用于高新技术的研发，中国在信息通信、卫星导航、无人机、超级计算机等技术领域居世界前列，而俄罗斯在基础科学领域、航空航天领域实力雄厚，两国可积极取长补短，相互借力，共同提高两国的科学技术水平和研发能力。目前，中俄两国均处在结构调整、转变经济增长方式、提高经济增长质量的关键时期，加强两国科技创新合作，以科技创新驱动经济发展对两国而言都具有重要意义。2020—2021 年，中俄两国将开启中俄科技创新年，组建联合科技创新基金，扩大科技创新领域的合作，使科技创新成为中俄经贸合作提质升级的推动力。

1. 创新合作机制

中俄创新合作机制目前包括两项机制：一是中俄总理定期会晤委员会科技合作分委会，自成立以来每年举行一次例会，对中俄双方就当前科技创新合作现状及未来发展前景、重点科技创新项目合作的落实展开深入讨论。二是由中国科技部与俄罗斯经济发展部牵头组建的中俄创新合作协调委员会。2016 年 6 月 27 日，中国科技部与俄罗斯经济发展部在莫斯科签署了《关于在创新领域开展合作的谅解备忘录》。根据该备忘录，将由中国科技部与俄罗斯经济发展部牵头组建中俄创新合作协调委员会，旨在协调、指导中俄双方在创新领域的互利合作，加强两国在创新战略、技术转移、国家创新体系建设、大众创新创业、科技创新园区等领域的对话与合作。这一文件的签署标志着中俄两国创新对话机制的正式建立。2017 年 6 月 13—14 日，中俄创新合作协调委员会在北京举办首届中俄创新对话。会议的召开旨在深入推进“一带一路”与欧亚经济联盟对接，促进两国在科技创新领域合作的顶层设计，加强中俄两国在创新领域的对话。会议中，中俄双方就两国科技创新战略、国家创新体系建设、科技合作、中小微企业创新发展等议题展开深入交流。6 月 14 日下午，中俄创新合作协调委员会第一次会议在中俄创新对话会议之后召开，双方对首届创新对话进行了总结，商讨未来工作规划，并共同签署了《首届中俄创新对话联合宣言》，制订了《2017—2020 年中俄创新合作工作计划》。

2. **创新合作园区**

2014 年 10 月 14 日，中俄总理第十九次会晤期间，李克强总理出席了中俄联合举办的“开放式创新”国际论坛开幕式并发表演讲。在该论坛框架下，中俄双方共同举办了主题为“创新对话：伙伴国创新政策的互动”的伙伴国论坛。中方设立了 240 平方米的高科技成果展台，18 家单位的 44 项科研成果参加了展示，展示内容涉及中国高新技术产业开发区建设发展、航天、高速铁路机车、核电、高端制造、纳米、LED 显示、通信等多个领域。多名政府官员和高科技企业代表组成了政府代表团参与了论坛，并负责组织论坛商务计划中的专项活动。在此次会晤期间，在中俄两国领导人的见证下，陕西省政府与俄罗斯直接投资基金、俄中投资基金和俄罗斯斯科尔科沃创新中心在莫斯科共同签署了《关于合作开发建设中俄丝绸之路高科技产业园的合作备忘录》，① 确定在西安和莫斯科分别建设一个高科技产业园区，加强两国科技和创新合作。该园区按照“一园两地、两地并重”的原则，即园区分别设立在中国与俄罗斯两地，由中俄两国联合组建的中俄合作投资委员会进行统一的管理与协调。中方园区设立在陕西西咸新区沣东新城统筹科技资

① 《西咸新区携手俄罗斯“硅谷”共建中俄丝绸之路高科技产业园》，《华商报》2014 年 10 月 20 日。

源改革示范基地，规划面积4平方千米，依托陕西省的科研与现代工业基础，建立以高新技术研发为先导，现代产业为主体的高科技产业园区，俄方园区则设立在俄罗斯斯科尔科沃创新中心，建立高新技术研发及转化为主体的高科技产业园区。目前，园区已吸引俄罗斯苏霍伊商用飞机、北斗导航等一批重大项目落户。2016年2月26日，中兴通讯集团投资20亿元人民币在中俄丝路创新园中方园区建立的“中兴深蓝科技产业园”开工建设。该园区是中俄丝路创新园中方园区落地的第一个子园区，涵盖节能环保产品、新能源、互联网软硬件产品、汽车电子、特种行业通信等领域，充分结合了中俄两国的科技优势和中兴集团的产业优势。2018年7月，中国西北工业大学航海学院与俄罗斯科学院伊尔库茨克科学中心共同建立的中俄海洋工程联合实验室在中俄丝路创新园内正式投入使用。2019年6月，西北工业大学、北京开盾环宇科技有限公司与俄罗斯科学院祖耶夫大气光学研究所共同建立的中俄激光技术及应用研究所也在中俄丝路创新园内落地。2019年12月18日，“一带一路”中俄高新技术发展合作论坛在中俄丝路创新园召开，会议期间西俄莫物理联合孵化器揭牌，30余名俄罗斯科技工作者与中国科技工作者一同围绕人工智能、物联网、大数据等方向展开合作，实现中俄科技成果的合作、转化和孵化。① 除中俄丝路创新园外，烟台中俄高新技术产业化合作示范基地、浙江中俄九华工业园、长春中俄科技园、黑龙江中俄科技合作及产业化中心等创新园区也先后建立，俄罗斯境内的中俄友谊科技园也投入运营。

3. 航空、航天及装备制造合作

航空航天工业对国家科技及国防力量的发展意义重大，俄

① 陕西省西咸新区沣东新城管理委员会：《“一带一路”中俄高新技术发展合作论坛于沣东新城举办》，2019年12月18日，http://www.xxfd.gov.cn/xwzx/fdyw/277799.htm。

罗斯在航空航天领域的技术实力仍然雄厚，在火箭发动机、大推力涡扇发动机、大型客机、重型直升机等领域的技术水平居世界前列。

（1）**民用航空合作**

联合研制远程宽体客机是中俄两国在民用航空领域开展的重大战略性合作项目。2016 年 6 月 25 日，中国商飞公司与俄罗斯联合航空制造集团在两国元首的见证下签署了项目合资合同。2017 年 5 月，中俄双方在上海成立了合资公司——中俄国际商用飞机有限责任公司。2017 年 9 月 29 日，中俄宽体客机项目举行命名发布仪式，项目被命名为 CR929，CR 分别为中国和俄罗斯的英文首字母，代表中俄双方联合研制。2018 年以来，远程宽体客机项目又取得一系列阶段性进展。2018 年 6 月，中俄双方共同确定了 CR929 客机的外形、尺寸等主要参数并签署图样文件。2018 年 11 月 6 日，在第十二届中国国际航空航天展览会上，CR929 宽体客机的样机首次在国际航展上展示。2018 年 12 月 26 日，CR929 项目复合材料前机身攻关全尺寸筒段顺利实现总装下线。CR929 宽体客机的发动机目前仅美国通用电气公司和罗尔斯·罗伊斯公司能够生产，中俄两国均不掌握这一技术，因此中俄双方需要在项目中共同努力，联合研发。项目初期，将会使用通用电气公司的发动机，中俄联合研制发动机成功后，将在项目第二阶段使用。

（2）**航天合作**

早在 2012 年，中俄两国领导人就高度重视卫星导航领域的合作。2014 年两国正式成立中俄卫星导航重大战略合作项目委员会，迄今为止，已召开了 5 次正式会议，成立了 4 个工作组，双方共同签署发布了格洛纳斯和北斗两系统兼容与互操作、融合应用等联合声明，开展了“一带一路”服务第一阶段测试，形成了 10 个标志性合作的项目清单，取得了一些阶段性的务实成果。2018 年 11 月 7 日，在中俄总理会晤期间，中俄双方签署

《关于和平使用北斗和格洛纳斯全球卫星导航系统的合作协定》。该协定的签署为实现两系统间的优势互补和融合发展提供法律依据及组织保障，具有重要的里程碑意义。

2018 年 3 月 3 日，在国际空间探索论坛期间，中国国家航天局副局长与俄罗斯国家航天集团总经理卡马洛夫签署了《中国国家航天局与俄罗斯国家航天集团关于月球与深空探测的合作意向书》。双方将共同设立中俄月球与深空探测数据中心，利用各自已确定的月球任务开展合作。2018 年 6 月 8 日，在两国元首的见证下，中俄双方签署《关于在月球与深空探测领域合作的谅解备忘录》，为启动在月球及深空探测领域合作奠定了基础。2018 年 9 月 28 日，在中俄总理定期会晤委员会航天合作分委会第十九次会议中，两国就运载火箭及发动机制造、地球遥感、月球与深空探测、卫星导航、航天电子元器件、空间碎片、低轨卫星通信系统等领域合作达成共识，并更新了《2018—2022 年中俄航天合作大纲》。会后，中国国家航天局与俄罗斯国家航天集团还签署了月球与深空探测领域联合项目的相关文件。

2019 年 9 月 17 日，中俄总理定期会晤期间，中俄双方签署《关于建立联合月球与深空探测数据中心的合作协定》《关于协同实施"嫦娥七号"月球极区探测任务和"月球资源 1"轨道器任务合作协定》，双方还将加强北斗和格洛纳斯系统的兼容和互操作，并加强卫星导航系统在中俄国际道路运输中的应用。

4. 数字经济合作

随着信息技术的快速发展，俄罗斯愈加重视数字经济的发展，关注数字医疗、物联网、大数据等领域的应用。2017 年 7 月 28 日，俄政府批准了《俄罗斯联邦数字经济规划》，确定了未来数字经济发展的基本方向、目标和任务。计划到 2019 年实现 5G 通信，到 2020 年实现政府办公数字化管理，到 2025 年使 97% 的家庭都可通过宽带上网。

2017 年 11 月 8 日，在中俄总理定期会晤期间，习近平主席在会见梅德韦杰夫总理时谈到，要将物联网、大数据、智慧城市等数字经济领域作为新的合作增长点。在实际操作中，两国在跨境电商领域的合作已经开辟了数字经济合作的先河，数字经济的合作能够将传统制造业与服务业相结合，通过线上线下的联动，实现生产、运输、销售、售后等环节的衔接，带动基础设施建设、物流网及相关配套设施的建设，并为大企业及大项目的合作提供物流等配套服务，未来中俄两国在数字经济领域的合作具有广阔的前景。

（七）农业合作

中俄两国在农业发展方面各有所长，中国气候条件优越，有利于农业全面发展，农作物产品种类繁多；俄罗斯幅员辽阔，拥有肥沃的土地和丰富的水资源，土地规模大，适合大面积机械作业。中俄两国进行农业合作，有利于发挥两国的比较优势，具有广阔的发展前景。近年来，中俄农业合作逐渐成为中俄经贸合作的重要内容，不断取得新成果。

第一，中俄农业合作机制逐步完善。中俄总理定期会晤委员会农业合作分委会于 2013 年成立，此后每年举行一次会议。2016 年 10 月 20 日，农业合作分委会第六次会议召开，会议就进一步强化农业合作机制、扩大农产品贸易、农产品相互准入及动植物检验检疫、加强农业物流基础设施建设、扩大农业投资合作等问题进行了广泛、深入的交流和讨论，并对中俄农业合作下一步工作计划达成了一致。

第二，中俄农产品贸易快速增长。中国自俄进口的农产品主要有玉米、大豆、葵花籽油、面粉等，中国对俄出口的农产品主要为水果、海产品等。俄罗斯对农药化肥的使用极为谨慎，且严禁转基因产品，因此，近年来俄罗斯绿色有机的农产品深受中国消费者喜爱。2015 年后，卢布贬值进一步提高了俄罗斯农产品的价格优势，俄农产品对华出口呈快速增长态势，2019 年，俄罗斯对华农产品出口额超过自华进口额，实现顺差。

第三，中俄两国农业双向投资逐步展开。近年来，中国对俄农业投资规模逐渐扩大，领域也逐渐拓宽，从单一从事生产环节发展到加工、仓储、农产品生产、物流运输、贸易等多环节及全产业投资。2015 年 5 月，中俄两国设立了总额为 20 亿美元的农业专项投资基金，用于支持两国境内的农业项目，促进两国在农业种植、土地管理、通关程序、食品物流及销售等方面的合作。2015 年 10 月，中国海外产业发展协会、中国国际经济合作投资公司、亚粮资本控股有限公司等 6 家单位共同设立了“亚太粮食产业发展基金”，在俄罗斯建立农工产业一体化的经济贸易合作区。2016 年 4 月，中俄两国签署成立俄中农工产业发展基金的股东协议，旨在促进远东地区农业发展。基金资本最高为 100 亿美元，各阶段中俄双方出资比例均为 9∶1，初始资金为 130 亿卢布，目前正在审议的项目约为 27 个。

第四，农业合作领域多元化。除农产品贸易和投资之外，中俄两国还大力开展农业自贸区、农牧业产业园区、农业科技等方面的合作。2016 年 6 月，普京总统还提议在俄罗斯西伯利亚和远东地区建立新的粮食陆地走廊，将这一地区的粮食出口到中国和亚太。

为应对西方制裁，俄罗斯大力发展农业，鼓励粮食出口，规划到 2035 年粮食播种面积将增加到 5000 万公顷，粮食产量将达到 1.4 亿吨，粮食年出口量将达到 5590 万吨的目标，2018 年俄罗斯成为小麦最大出口国。中俄两国在农业领域具有较好的互补性，俄罗斯土地肥沃，水资源丰富，机械化程度也较高。近年来中国逐步对俄罗斯开放农业市场，中俄农产品贸易稳定增长，成为双边贸易新的增长点。2017 年 11 月，中俄两国签署协议，允许俄罗斯车里雅宾斯克州、鄂木斯克州、新西伯利亚州、阿尔泰边疆区、克拉斯诺亚尔斯克边疆区和阿穆尔州六个州的小麦可以对华出口。2019 年 6 月，中俄双方签署议定书，中国允许俄罗斯大麦、豆粕、葵花籽粕、菜籽粕、甜菜粕对华出口，7 月底，中国允许俄全境大豆对华出口，还增加了库尔干州小麦对华出口，此外，牛肉、鸡肉等肉类和奶制品对华出口也将逐步放开。两国还积极开展农业园区合作，2004 年建立的中俄（滨海边疆区）现代农业产业合作区是我国第一个境外国家级农业产业园区，目前已发展成为集种植、养殖、加工于一体的中俄最大农业项目。此外，农业科技合作、动植物检验检疫等领域的合作也在积极开展。

（八）基础设施合作

1. 跨境交通基础设施

中俄黑龙江大桥连接中国黑河与俄罗斯布拉戈维申斯克，是中俄两国界江上修建的首座现代化公路大桥。早在 1988 年，中俄两国就开始商议在界河黑龙江上修建大桥，经过多年筹划，在两国元首的推动下，该桥于 2016 年 12 月开工建设。大桥全长 1283 米，宽 14.5 米，总投资约 24.7 亿人民币。2019 年 3 月 16 日，中方黑河公路口岸开工，5 月 31 日，中国黑龙江大桥顺利合龙，11 月 28 日，中方境内工程圆满交工，具备通车条件。该桥建成后，预计年客运量可达到 140 万次，货运量可达到 300 万吨，中俄两国还将建立临桥、临港经济区和跨境经济合作区，推动地区经济发展。

中俄同江跨境铁路大桥连接中国同江和俄罗斯犹太自治州下列宁斯阔耶，主桥长 2215 米，其中，中方境内桥长 1886 米，包含 17 个桥墩，俄方境内桥长 328 米，包含 4 个桥墩。该工程中方段于 2014 年 6 月开工，2018 年 10 月主体工程全部完工，俄方段于 2016 年 6 月开工，2019 年 4 月 2 日，大桥顺利合龙。该桥建成后，年过货能力2100万吨，设计最高时速100千米，将成为我国又一对俄铁路货运通道，缓解目前满洲里和绥芬河铁路口岸的货运压力。中俄同江跨境铁路大桥将中国东北铁路网与俄罗斯西伯利亚铁路相连接，将大大降低运输成本，提高运输效率，加速贸易循环，对推动两国经贸合作深度发展和文化融合起到积极作用。以大桥为核心，同江口岸还积极完善口岸基础设施配套建设，提升口岸开放水平和运营能力。中俄双方还启动建设桥头经济技术和物流园区，通过基础设施建设带动地区经济发展。

2019年7月18日，中俄跨境索道正式开工建设。索道跨越黑龙江，连接中国黑河和俄罗斯布拉戈维申斯克，全长972米，年设计运输能力600万人次，预计将在2021年建成。该索道建成后，中俄两国游客出境通关更加便捷，不但可以打破季节因素对口岸客运量的制约，还将大大提高旅客通关效率，单程通关时间将压缩在10分钟之内。该索道的建成将对中俄旅游业的发展起到重要拉动作用。

2. 北极航道

2017年7月4日，习近平主席在莫斯科会见梅德韦杰夫总理，中俄双方正式提出："要开展北极航道合作，共同打造'冰上丝绸之路'。"北极航道是指开辟从北冰洋到欧洲的航道，从俄罗斯符拉迪沃斯托克，途经白令海峡、西伯利亚海、拉普捷夫海、喀拉海、巴伦支海，到达西北欧的北部海域，是运输距离最短的连接东西方贸易的交通运输线。"冰上丝绸之路"是指穿越北冰洋，连接北美、东亚和西欧三大经济中心的海运航道。

中国90%的外贸货运量都依靠海运，中国到欧洲的远洋航线距离远、成本高，还面临各种安全问题。从距离上看，以往中国到欧洲的传统航线要经过马六甲海峡、印度洋和苏伊士运河，才能抵达欧洲。如果轮船载重超过苏伊士运河的限载量，则要再绕道非洲好望角，航运距离更远。北极航线与传统航线相比可以缩短1/3左右的航程，降低航运成本。目前正在建设中的亚马尔项目中60%以上的模块及零部件要经过北极东北航道运输，平均用时16天左右。从安全角度考虑，目前去往欧洲的航线需要途经东南亚、南亚、西亚等地区，这些地区存在着极其复杂的种族、宗教等问题，极端事件及恐怖主义事件时有发生，航线上还经常有海盗出没，航线面临的安全威胁较大。而北极航线大部分航段位于俄罗斯北部沿海的北冰洋海域，由于地处北极圈内，恶劣的气候及自然条件可以使航船免遭海盗的侵袭。当然，北极地区特有的气候环境也造成北极航道开发具有开发成本高、技术难度大的特点。北冰洋的温度常年保持在－40℃到－20℃之间，海面常年被冰层覆盖，且有大量冰山、浮冰，增加了船舶航行的难度。北极东北航道沿途补给点少，基础设施落后，航线的开发需要资金和技术的投入。

中俄双方北极开发合作已取得积极进展。目前，中俄两国交通部门正在就《中俄极地水域海事合作谅解备忘录》展开研讨，两国重大能源合作项目亚马尔液化天然气项目也在北极地区顺利进行。除亚马尔液化天然气项目外，北极地区最大城市阿尔汉格尔斯克市的深水港口改造项目已确定有中国企业参与。2013年8月中远集团“永盛”轮在北极东北航道成功试航之后，截至2018年10月底，中远海运集团在北极东北航道已有15艘船舶进行了19次航行，主要承运设备、钢材、纸浆等货物。两国交通部门就《中俄极地水域海事合作谅解备忘录》展开研讨，亚马尔液化天然气项目也在北极地区有序推进。2018年1月26日，中国发布《中国的北极政策白皮书》，这是中国首份北极政策文件。白皮书明确表达了“中国是北极的利益攸关方”，中国将“认识北极、保护北极、利用北极和参与治理北极，维护各国和国际社会在北极的共同利益，推动北极的可持续发展”作为北极政策的目标，为实现上述目标，中国坚持“尊重、合作、共赢、可持续”的基本原则参与北极事务。中国参与北极事务坚持科研先导，强调保护环境、主张合理利用、倡导依法治理和国际合作，并致力于维护和平、安全、稳定的北极秩序。白皮书还提出了“中国愿依托北极航道的开发利用与各方共建‘冰上丝绸之路’”的主张。

（九）电商合作

中俄跨境电子商务虽然起步较晚，但发展迅速。目前中国已成为俄罗斯跨境电商的第一大商品来源国，以京东、绥易通、全球速卖通为代表的60多家中国电商已顺利落户俄罗斯门户网站，受到当地商家和消费者青睐。2015年6月，速卖通在俄罗斯成立分公司。2015年6月，京东全球售俄语网站正式上线，该网站在进行商品销售的同时，还提供30日退换货等售后服务。2015年8月，京东集团与黑龙江省对外经贸集团签订战略合作框架协议。根据协议，京东将借助绥芬河综合保税服务区和俄罗斯境内的“中国名优商品展销中心”两大平台，将绥芬河口岸作为全国跨境电子商务业务的重要口岸，打通中俄跨境贸易进出口流程，为中俄两国商户提供跨境销售平台和端到端的服务方案。[①] 2015年7月，莫斯科格林伍德国际贸易中心与俄速通公司合作，在俄罗斯建设首个大型海外仓。格林伍德—俄速通海外仓位于莫斯科州太阳城区，距离莫斯科谢列梅捷沃国际机场仅15分钟车程，交通便利。海外仓一期占地8000平方米，二期1.2万平方米，日处理订单能力1万件，为永久产权仓库。中国卖家只需将货物交给俄速通公司位于国内的集货仓，俄速通就可以为卖家提供后续运输、清关、入库质检、接收订单、订单分拣、多渠道发货等所有物流环节操作，有效解决卖

① 《京东布局远东跨境电商》，2017年3月5日，新浪网（http://tech.sina.com.cn/i/2015-08-26/doc-ifxhcvrn0582891.shtml）。

家对海外仓管控难、库存积压、售后保障等一系列问题。海外仓建成后，可将中俄跨境电商物流从20—30天缩短至2—7天。2016年12月20日，中国电子商务物流企业联盟、俄罗斯时代集团股份公司和北京新欧亚时代科技有限公司签署三方合作备忘录，根据备忘录，将在俄罗斯中部城市克拉斯诺亚尔斯克共同建设俄罗斯电商物流转运中心，该项目将成为中国电商“卖全球”在俄罗斯的示范项目。在克拉斯诺亚尔斯克建立转运中心，能够避免将货物先运至俄罗斯以西的国家，然后再向东折返至莫斯科，再分派至俄罗斯全境所浪费的时间和物流成本。此外，2015年9月，俄罗斯最大的搜索引擎Yandex的中国代表处在上海成立，协助中国商家到俄罗斯市场拓展业务。在中国电商销售平台上，俄罗斯商品销售业快速增长。2015年在卢布贬值效应下，俄罗斯商品价格优势明显，俄产面粉、蜂蜜、啤酒、果汁等绿色食品在中国电商平台上也销售火爆。

2016年5月6日，主题为“新起点、新跨越——聚焦新形势下中俄跨境电商发展路径”的首届中俄跨境电商大会在江苏省镇江市举行。此次会议由中俄友好、和平与发展委员会主办，镇江市人民政府、“企发”中俄跨境电商平台和“打开套娃”电商平台共同承办，两国相关部门政府官员及知名电商企业代表500多人出席了大会。大会期间，中俄两国就建立跨境电商统一服务平台达成一致，并签署了合作协议，与会者还就中俄跨境电商发展现状及前景、物流、金融及咨询服务对电商的促进作用等议题进行了广泛的交流与探讨。

俄罗斯电商也加速扩大中国市场。俄罗斯电商企业借助中国电商已经建立的平台及渠道，积极扩大中国市场。2016年3月，俄罗斯出口中心股份公司与京东商城签署合作备忘录，依托京东商城的网络平台面向中国和其他国家出口俄产商品。京东商城计划通过直接向生产商采购和吸引俄罗斯卖家在京东开设店铺两种方式，帮助俄罗斯商品进入中国市场。

（十）地方合作

2018年和2019年是中俄“地方合作年”，中俄两国共同将地方合作提升至国家级，激发地方合作热情，挖掘地方合作潜力，带动地方、企业和广大民众参与到中俄友好合作事业中。中俄两国政府密切合作，精心组织了上百项活动，包括各类推介会、工业及农业展览会、学术研讨会、艺术节，机构互访等，中俄双方签署了多份地方合作文件，两国在省与联邦主体及城市之间建立了近400对友好伙伴关系。“中国东北地区与俄罗斯远东地区合作”和“中国长江中上游地区与俄罗斯伏尔加沿岸联邦区合作”两个地方合作机制运行顺畅。

1. 中国东北地区与俄罗斯远东地区合作

中国东北地区与俄罗斯远东地区合作是中俄毗邻地区合作，具有传统区位优势。据俄方统计，2017年，中国与俄远东地区间的贸易额达78亿美元，同比增长26.7%。中国已成为俄罗斯远东地区第一大贸易伙伴国，双边贸易快速增长。中国自俄远东进口的货物、劳务及服务共计50亿美元，同比增长31.5%。中国对俄远东出口额27亿美元，同比增长18.4%。在俄远东地区与中国的贸易结构中，加工程度较低的原料产品占主导地位。目前，中国投资者已在跨越式发展区和符拉迪沃斯托克自由港内申请实施32个投资项目，规划投资42亿美元，是远东地区的第一大投资来源国。

目前，协调中国东北地区与俄罗斯远东地区合作的主要官方机制为中国东北地区和俄罗斯远东及贝加尔地区政府间合作委员会，涉及规划及项目的落实，中方由中国商务部具体负责，俄方由俄罗斯远东发展部具体负责。在中国东北地区和俄罗斯远东及贝加尔地区政府间合作委员会框架内可设立理事会，由中俄相关企业家组成，旨在促进项目实施并为改善俄远东地区投资和营商环境提出建议。

2018 年 9 月俄罗斯东方经济论坛期间，中俄双方共同签署《中俄在俄罗斯远东地区合作发展规划（2018—2024 年）》，该协议于 2018 年 11 月 7 日中俄总理定期会晤期间获得正式批准，该规划为中国东北地区与俄罗斯远东地区合作指明了方向。

（1）俄罗斯远东地区发展优势

俄远东地区是快速发展的亚太地区的一部分，地理上比俄罗斯其他地区更接近中国，与黑龙江省和吉林省毗邻。

据俄方统计，俄远东地区分布着亚太地区规模最大的煤矿、锡矿和世界级的大型多金属矿，以及占整个亚太地区 81% 的钻石储量、51% 的森林资源、37% 的淡水资源、33% 的水生生物资源，还有 32% 的黄金储量、27% 的天然气储量和 17% 的石油储量。远东地区是石油和天然气开采中心，正在形成全球性的石油化工中心，液化天然气出口量约占液化天然气国际市场份额的 5%。

远东地区森林的设计年采伐量为 9380 万 m^3 木材，目前的采伐水平为 17.4%。远东地区还拥有丰富的农业资源，包括 250 万公顷耕地以及超过 400 万公顷的牧场和草场，远东南部地区的植物生长期为 130—200 天。

远东地区是欧亚交通走廊中的重要一环，是俄最大铁路干线西伯利亚大铁路及贝阿铁路的起始端，合计运输能力超过 1 亿吨，并将在 2020 年前再提高 6500 万吨。远东地区海岸分布着 29 个海港，其中包括符拉迪沃斯托克、纳霍德卡、东方、瓦尼诺、苏维埃港等大型海港，上述港口占俄港口货物吞吐量的 1/4。通过远东地区有一条从亚洲到欧洲的最短航道，途径北冰洋海域。据俄专家估计，2050 年后船只可在不采取抗冰加强措施的情况下实现该航道的全年通航。目前该航道在东北亚货物运输中已具备一定竞争力。俄罗斯计划对该航道基础设施进行现代化改造，逐年提升运量，至2024年提高至8000万吨。这将较中国与欧洲间经苏伊士运河的货运时间有所缩短，也将提升俄北极项目的吸引力。

远东地区还有俄最大的航空和船舶制造中心。阿穆尔河畔共青城正在实施苏霍伊超级100型短途客机组装。远东地区有23家船舶制造企业，目前正在实施的最大项目是位于滨海边疆区巨石市的“红星”造船综合体。该项目竣工后，将能够建造载重量达25万吨的油轮，以及各类冰级船和海上平台配件。

俄罗斯正在实施一系列措施优化营商环境，为俄罗斯及外国投资者提供在全俄乃至亚太地区有竞争力的税收和行政优惠政策，提升远东地区的国际竞争力。

（2）俄罗斯远东地区支持外国投资者的国家政策

为了提高外商投资项目的收益率，降低项目风险，俄罗斯在远东地区实施特殊的国家政策，通过设立和发展跨越式发展区、符拉迪沃斯托克自由港，向投资者提供基础设施建设资助，并借鉴国际先进经验采取其他措施支持外商投资。

远东地区已设立了18个跨越式发展区，为投资者提供独立平台。由俄罗斯政府出资在区内为投资者修建必要的基础设施，以简化方式提供税收优惠和必要的行政服务。在跨越式发展区内，对俄和外国投资者提供以下优惠政策：

—自开始赢利起5年内，企业利润税为0%；

—企业头5年的财产税和土地税为0%；

—统一社保费率以7.6%取代30%；

—降低矿产开采税率，10年内为0%到0.8%；

—采用自由关税区的海关程序；

—加快出口产品增值税退税；

—加快签发建设许可证和项目投运许可证；

—缩短国家环保鉴定期限；

—简化外国公民就业手续；

—采取特殊保护机制，避免检查和监督机构的不合理监督。

（3）中俄在远东地区开展经贸合作的优先领域

第一，天然气与石油化工业。俄远东有俄最大的天然气和石油化工集群，也是亚太地区最大的集群之一，俄罗斯企业投资额已超过350亿美元。

俄远东地区天然气和石油化工集群的合作优势在于：其一，拥有亚太地区最大油气储量（截至2016年，已探明石油储量11亿吨，天然气5万亿立方米，天然气凝析油2.68亿吨）；其二，干线管道。现行的“东西伯利亚—太平洋”石油管道的泰舍特—斯科沃罗季诺段输送能力将扩大至8千万吨/年，斯科沃罗季诺—科兹米诺港口段输送能力扩大至5千万吨/年。在建的“西伯利亚力量”天然气管道输送能力达380亿立方米/年。“萨哈林—哈巴罗夫斯克—符拉迪沃斯托克”干线管道设计输送能力为280.4亿立方米/年；其三，拥有原料转运基础设施发达的铁路运输网，其中包括正在扩建的贝阿铁路与西伯利亚铁路干线；其四，保证输出至不冻港；其五，临近快速发展的亚太地区市场（从远东港口海运不超过6天，从中东港口运送需23天，从东南亚港口运送需12天）。

俄天然气和石油加工领域正在实施的投资项目中，规模最大的项目有：

—俄罗斯天然气工业公司阿穆尔天然气处理厂：氦气年产量为6千万立方米，乙烷250万吨，丙烷100万吨，丁烷50万吨，戊烷（已烷馏分）约20万吨；

—“西布尔”集团阿穆尔天然气化工综合体：其热解效率为150—170万吨乙烷；

—俄罗斯石油公司东方石化综合体：其石油年处理量为1200万吨，石脑油340万吨；

—亚马尔液化天然气项目：产能1750万吨/年；

—北极液化天然气2号项目：产能2000万吨/年；

—科兹米诺原油海港：运输能力3600万吨/年。

俄罗斯欢迎中国投资者投资的项目包括：

—阿穆尔州阿穆尔天然气处理厂附近的聚乙烯与甲醇生产；

—滨海边疆区纳霍德卡矿物肥料厂附近的醋酸生产；

—哈巴罗夫斯克边疆区对二甲苯生产；

—滨海边疆区聚乙烯薄膜生产；

—阿穆尔州聚乙烯管生产；

—滨海边疆区注塑成型塑料产品生产；

—符拉迪沃斯托克自由港组装生产用于制造、储存、运输和卸载液化天然气的设备。

俄罗斯将推动落实有利的投资政策和措施，为中国投资者在远东地区的投资消除壁垒。

第二，固体矿产业。远东地区集中了亚太地区最大的固体矿产储量（含贵金属），近年来，俄罗斯一直致力于远东地区经济多元化，努力提高非原材料产业比重，同时继续为固体矿产开发领域的投资项目提供全面支持，并通过互联网向投资者公布相关引资信息和投资推介资料。

远东地区在固体矿产开发领域具有明显优势：首先，蕴藏巨大的、尚未分配的矿产储量（630多吨金矿，6000多吨银，33.7万吨铜，110万吨锡，142亿吨褐煤，79亿吨石煤，12亿吨铁矿石，以及50多种其他矿物）；其次，拥有原料转运基础设施发达的铁路运输网，其中包括正在扩建的贝阿铁路与西伯利亚铁路干线；再次，保证输出至不冻港；最后，为具体矿物、矿区开发提供国家基础设施建设支持。

在遵守俄外国投资法和俄矿产资源法的前提下，俄罗斯欢迎中国投资者在俄远东地区投资下列项目：

—开发萨哈（雅库特）共和国“秋楚斯”金矿；

—开发堪察加地区“库姆洛奇”与“罗德尼科”金矿；

—开发哈巴罗夫斯克边疆区“康德尔”白金矿；

—开发萨哈（雅库特）共和国“丘利马坎”与“杰尼索夫斯基”煤矿；

—开发楚科奇自治区“阿玛姆”煤矿；

—开发滨海边疆区“苏城”煤田；

—开发阿穆尔州库恩—曼尼硫化镍矿；

—开发马加丹州奥罗耶克矿区铜矿；

—开发滨海边疆区的阿达姆索夫煤矿，在纳杰日金区建设煤炭切割和采矿选矿厂；

—开发哈巴罗夫斯克边疆区普拉沃尔米锡矿，建造“诺尼”采矿选矿综合体和采矿选矿厂；

—开发萨哈（雅库特）共和国“季列赫佳赫溪流”锡矿。

第三，物流与运输业。俄罗斯欢迎中国投资者对以下项目进行投资：

—萨哈（雅库特）共和国勒拿河公路大桥建设工程；

—东方港港口装煤综合体建设工程；

—纳霍德卡海港改造工程；

—雅库茨克国际机场改造工程；

—马加丹国际机场改造工程；

—哈巴罗夫斯克国际机场改造工程；

—滨海边疆区阿尔乔姆市货车生产和配送厂。

第四，农业。俄远东地区在农业领域的合作优势为：其一，土地储备丰富，包括超过250万公顷播种面积和400万公顷牧草和干草区，可养殖家禽、奶牛和肉牛，种植大豆、玉米、小麦、水稻、大麦和油菜；其二，在远东地区种植的农产品为绿色生态产品；其三，远东地区化学和矿物肥料使用量大幅低于其他亚太地区国家；其四，与俄其他地区相比，远东地区更靠近中国、日本、韩国和东盟国家，这些国家每年粮食进口量超过2800亿美元；其五，远东地区蔬菜自给率为58%，谷物79%，肉类25%，牛奶44%，较低的自给率为投资者创造了更多的市场空间。

2017 年，俄罗斯远东地区向中国出口的农业原料、货物和粮食总额为 12.7 亿美元。扩大远东地区对华出口农业原料、产品和粮食，以及丰富农业深加工产品对华出口是中俄在远东地区经贸合作的优先方向。中俄双方将举行系列洽淡，就解决俄远东地区和中国东北地区农业原材料、商品和粮食相互贸易中的疫病管理区域化以及市场准入等问题进行探讨。两国政府支持中方企业在俄远东地区开展农业全产业链合作，并将举办系列洽谈，以加大对俄远东地区农业生产投资。两国政府支持中方企业在滨海边疆区实施养殖综合体项目，并将在检疫和通关方面提供必要协助。俄政府将根据俄现行法律提供所需土地与融资优惠政策，为中国投资者参与的农业领域项目提供必要保障。

俄罗斯欢迎中方投资者对以下农业项目进行投资：

—由 Rusagro 与 Mercy Agro 滨海公司参与的滨海边疆区养猪综合体建设工程；

—滨海边疆区本地甜菜制糖业与甘蔗加工厂现代化改造工程；

——一次性储量为 5 万吨的滨海边疆区农产品批发集散中心建设工程。

第五，林业。俄远东地区林业加工领域的合作优势包括：其一，原木每年允许采伐量为 9380 万立方米，实际采伐量 1640 万立方米，占比为 17.4%；其二，林地可以在不通过招标的情况下或按照较低的租赁费率提供给计划进行木材深加工的投资者；其三，基础设施发达的铁路网，包括正在扩建的贝阿铁路与西伯利亚铁路；其四，俄远东地区距亚太地区国家的距离更近，亚太地区国家每年进口木材超过 200 亿美元；其五，俄联邦政府批准了针对远东地区原木出口的新关税政策，鼓励在俄境内进行原木加工。

增加自远东地区对华木材出口量，增加深加工产品，实现出口产品多元化，是中俄在远东地区经贸合作优先方向之一。中俄双方支持两国企业在木材深加工领域开展合作。俄方欢迎中国投资者在南雅库特、阿穆尔州和萨哈林州建设木材加工综合企业。

第六，水产养殖业。俄远东地区在水产养殖领域的合作优势是：

—日本海和鄂霍次克海南部俄沿岸附近拥有超过15万公顷海域闲置并适宜水产养殖；

—该海域拥有亚太地区市场价值高且畅销的水产养殖品种，如海参、扇贝等；

—进行水产养殖的海域将按照透明的电子拍卖程序提供使用；

—提供水产养殖业项目国家支持的专项措施。

俄方欢迎中方投资者在俄远东地区投资水产养殖项目，并将对项目提供必要支持。

第七，旅游业。2017年到远东地区的旅游客流超过600万人，其中外国游客86.7万人，增长速度超过30%。远东地区拥有独特的区位优势，远东地区是欧洲文化在亚洲的“前哨”，距中国、日本、韩国仅2小时航程，这些国家每年有1.7亿公民出国旅游，消费额超过2500亿美元；远东地区拥有很多独特的自然和文化历史遗址，吸引着世界各地的游客，包括堪察加的火山和喷泉、萨哈林的山脉、锡霍特山脉的火山奇观、滨海边疆区的海湾和萨哈（雅库特）共和国的“勒拿河柱状岩”自然公园；符拉迪沃斯托克自由港执行简化签证入境，可为18个国家的公民提供落地8天电子签证；2022年年底前，俄远东酒店服务业免缴企业利润税。中俄双方鼓励投资者在远东地区投资旅游项目，鼓励为中国公民举办有关使用电子签证制度在内的远东地区旅游宣传活动。

（4）中俄在远东地区的战略合作项目和基础设施项目

第一，滨海1号、2号国际交通走廊项目。“滨海1号”连接中国黑龙江省与俄滨海边疆区的港口，具体路线为哈尔滨—牡丹江—绥芬河—波格拉尼奇内—乌苏里斯克—符拉迪沃斯托克港/东方港/纳霍德卡港。“滨海2号”连接中国吉林省与俄滨海边疆区的扎鲁比诺港，具体路线为长春—吉林—珲春—扎鲁比诺港。“滨海1号”和“滨海2号”国际交通走廊的开发，基于中俄毗邻地区的大宗货流，通过减少物流费用及降低相关风险的制度安排，增加上述走廊运输效率，属于互利双赢项目，对中俄远东地区合作，以及“一带一路”建设与欧亚经济联盟对接合作具有重要意义。

2016—2017年，俄罗斯已经采取了一系列措施，包括：实行符拉迪沃斯托克自由港口岸昼夜工作制、设置单一货物报关管理机构、实行货物电子申报、明确最长等待期限及运输工具海关检查期限等。自中方转口货物集装箱到达地点确定为扎鲁比诺港、波斯耶特港、符拉迪沃斯托克港、东方港及纳霍德卡港。

2017年7月4日，在中俄领导人见证下正式签署了《关于“滨海1号”、“滨海2号”国际交通走廊共同开发的备忘录》。该文件规定在上述走廊开发框架内，吸引两国企业及金融机构参与实施基础设施项目，相互简化各种程序，减少转口货物报关费用及时间，扩大进出口货物名录。中俄双方将协助中国货物通过“滨海1号”和“滨海2号”国际交通走廊及滨海边疆区港口进行无缝转运，为明确项目建设方案开展可研，并建立统一运营商，向货物转运公司提供一站式服务，明确双方参与项目合作的主要条件等。中方将鼓励中方企业通过滨海边疆区港口进行货物过境运输，参与项目必要的可研，明确发展“滨海1号”、“滨海2号”国际交通走廊基础设施的经济效益，俄方责成远东吸引投资和出口支持署作为项目协调单位。

第二，跨境基础设施。俄罗斯远东地区阿穆尔州、犹太自治州、滨海边疆区及哈巴罗夫斯克边疆区四个联邦主体与中国黑龙江省交界。目前在建的跨境基础设施项目为三项：一是同江—下列宁斯阔耶铁路桥项目，中俄双方将在实现全面运营后逐步提高货运量，提高其使用效率，鼓励中国投资者对同江—下列宁斯阔耶铁路桥运营相关的产业和物流投资项目；二是黑河—布拉戈维申斯克公路桥项目，鼓励中国投资者在产业、物流及旅游业领域实施与黑河—布拉戈维申斯克公路桥运营有关的投资项目；三是黑河—布拉戈维申斯克跨境索道项目。此外，中俄双方还将加快东宁—波尔塔夫卡公路桥政府间建桥协定草案的准备工作。

第三，黑瞎子岛开发。黑瞎子岛是一个独特的区域，可以成为吸引世界各地游客的中心。中俄双方各自制定黑瞎子岛本方一侧发展方案，并在此基础上探讨岛上基础设施建设对接问题，包括防洪护岸工程。

第四，俄罗斯岛开发。俄罗斯有意将俄罗斯岛开发成为亚太地区的国际科学教育和技术集群，为此俄政府已建成现代化的符拉迪沃斯托克国际机场，修建该岛与符拉迪沃斯托克内陆连接的现代化斜拉桥，在俄东部建设了高等教育机构—远东联邦大学。除必要的基础设施建设外，俄政府还为此进行了相关行政准备，如实行符拉迪沃斯托克自由港制度，使得在岛上开展业务享有商业和行政方面的优惠政策，并可为18国公民提供简化的入境签证手续等。目前俄罗斯岛已成为东方经济论坛等俄远东地区重要国际会议和活动的举办场地，可满足岛内未来发展需要。

俄罗斯还将制定特殊措施支持高科技公司将总部或研发机构落户于俄罗斯岛内，鼓励中国高新技术公司积极探讨在俄罗斯岛内设立总部或研发机构的可能性。俄罗斯还将为中俄高科技初创企业上岛开展业务提供支持措施，并就在远东联邦大学建设中国留学生专用校园开展可行性研究。

2. 中国长江中上游地区与俄罗斯伏尔加沿岸联邦区合作

2012年4月，时任国务院副总理的李克强在访俄时提出："中国与伏尔加河沿岸联邦区互补性很强，合作发展空间很大，要推动两国地区合作特别是中国与伏尔加河沿岸联邦区合作取得更多新成果"，这一倡议开启了我国长江中上游地区和俄罗斯伏尔加河沿岸联邦区的合作序幕。2013年1月，中国国务院正式批准长江中上游6省市（安徽、江西、湖北、湖南、重庆、四川）与俄罗斯伏尔加河沿岸联邦区（鞑靼斯坦共和国、巴什科尔托斯坦共和国、萨马拉州、彼尔姆边疆区、下诺夫哥罗德州、奥伦堡州、萨拉托夫州、乌德穆尔特共和国、乌里扬诺夫斯克州、奔萨州、楚瓦什共和国、基洛夫州、莫尔多瓦共和国、马里埃尔共和国）开展合作，并纳入中俄地方领导人定期会晤机制。2013年3月，习近平主席访问俄罗斯，中俄双方进一步明确了"扩大地方合作范围，提高地方合作效率"的新要求。

在中俄双方领导人的大力推动下，长江中上游地区与伏尔加河沿岸联邦区的合作迈出实质性步伐，连续举办了三届长江中上游地区与伏尔加河沿岸联邦区地方领导人座谈会。

2013年5月，首次长江中上游地区与伏尔加河沿岸联邦区地方领导人座谈会在武汉举行。中方6省市主要领导及国家有关部委领导出席会议，双边就扩大双方经贸、投资、科技、人文等合作提出了一系列具体务实的合作建议，双方签署了会议纪要。长江中上游地区与俄罗斯伏尔加河沿岸联邦区合作正式启动。

2014年6月，长江中上游地区与伏尔加河沿岸联邦区地方领导人座谈会在俄罗斯萨马拉州举行。长江中上游省市领导和伏尔加河沿岸联邦区各联邦主体行政长官出席会议，进一步深化了两地区合作机制。

2015 年 8 月，中国长江中上游地区和俄罗斯伏尔加河沿岸联邦区地方领导人第三次座谈会在成都举行。会议进一步落实习近平主席与普京总统5 月莫斯科会晤、7 月乌法会晤的系列成果，双方提出，结合中方丝绸之路经济带建设与俄方发展战略以及欧亚经济联盟对接合作总体规划，持续扩大两地区合作，不断为中俄关系发展和全方位合作注入新动力、新内涵。

2016 年，中俄双方决定将两地区地方领导人座谈会机制提升为两地区地方合作理事会，标志着两地区合作进入全新发展阶段。

2016 年 7 月 19 日，中俄两国召开中国长江中上游地区和俄罗斯伏尔加河沿岸联邦区地方合作理事会首次会议。双方提出，要积极参与、配合、支持国家间大项目合作，加强产能和装备制造合作，将高科技和创新合作作为重点开拓方向，密切人文交流合作，推动两地区合作结出更多硕果。双方共同签署《中国长江中上游地区和俄罗斯伏尔加河沿岸联邦区地方合作理事会条例》和会议纪要。

2017 年 6 月 16 日，中国长江中上游地区和俄罗斯伏尔加河沿岸联邦区地方合作理事会第二次会议在合肥召开。双方表示“长江—伏尔加河”机制运转卓有成效，务实合作取得重要成果，辐射效应日益显现，为丰富两国关系内涵和推进双边合作发挥了积极作用。双方应抓住“一带一路”建设的契机，结合两地区合作实际需求，共同实施好优先合作项目，不断开拓合作新领域，促进两地区发展繁荣，造福两国人民。此次会议中，中俄两国启动“长江—伏尔加河”地方合作理事会网站，签署《会议纪要》和《关于对〈长江—伏尔加河地方合作理事会条例〉进行修订的议定书》。

2019 年 5 月 23 日，中国长江中上游地区和俄罗斯伏尔加沿岸联邦区地方合作理事会第三次会议在俄罗斯切博克萨雷市召开。

中国长江中上游地区与俄罗斯伏尔加沿岸联邦区是两国腹地间的地方合作，这两个地区并不相邻，但工业和科技基础雄厚，市场空间巨大，目前已在机械和汽车制造业、制药业、高科技产业等领域开展交流与合作，长江中上游6省市众多企业在俄罗斯伏尔加联邦区投资。两河流域间人文合作也在广泛开展，由四川大学和下诺夫哥罗德国立技术大学牵头组建的中俄高校联盟在“地方合作年”期间开展了一系列教育、科技和文化方面的活动。

（十一）带盟对接

2015年5月，中俄两国元首签署《关于丝绸之路经济带建设和欧亚经济联盟建设对接合作的联合声明》后，经贸合作谈判正式启动，2016年10月以来，中俄双方先后进行了5轮谈判，3次工作组会议和2次部长级磋商，2017年10月1日，顺利结束实质性谈判。2018年5月17日，中国与欧亚经济委员会及各成员国代表正式签署《中华人民共和国与欧亚经济联盟经贸合作协定》。该协定包含海关合作和贸易便利化、知识产权、部门合作、政府采购等13个章节，也涵盖了电子商务和竞争等新的议题。根据协定，中俄双方通过加强合作、信息交换、经验交流等方式，进一步简化通关手续，降低贸易成本。该协定是中国与欧亚经济联盟在经贸合作方面首次达成的重要制度性安排，为双边经贸合作提供制度性保障。协议的签署标志着中国与欧亚经济联盟成员国的经贸合作从项目带动进入制度引领的新阶段，对推动带盟对接具有里程碑意义。

四　中俄经贸合作新趋势

中俄经贸合作稳步发展，近年来出现合作模式机制化、运作方式市场化、合作领域新兴化、合作范围全方位化、贸易投资便利化、基础设施与服务网络化等新趋势，未来中俄经贸合作将拥有广阔的前景。

（一）合作模式机制化

中俄两国已经建立起最完善的双边合作机制。官方机制有元首会晤机制、总理会晤机制等。中俄总理定期会晤机制已成为中国对外经济合作中规格最高、组织结构最全、范围最广的多层级合作机制。中俄总理定期会晤机制下设立 19 个不同领域的分委会，5 个合作委员会和 1 个工作组。官方机制之外，中俄两国各领域的合作也逐渐从单个项目合作向机制化、常态化演进。

在能源合作领域，两国政府共同策划和推动的中俄能源商务论坛成为完善两国能源合作机制的又一创新举措。2018 年 11 月，首届中俄能源商务论坛在北京成功举办，中俄双方在油气、电力、煤炭、能源技术及能源金融等合作领域进行了全面的探讨。2019 年 6 月，第二届论坛在圣彼得堡国际经济论坛期间举行。在两国元首的见证下，中俄双方签署了《中俄能源论坛章程》，确定该论坛为中俄能源领域的重要机制性交流平台，由中国石油天然气集团和俄罗斯石油公司联合主办，原则上每年举办一次，在中俄两国轮流举办。此次论坛主题为“促进中俄能源领域上中下游全产业链合作”，双方代表就北极能源开发、能源金融合作、能源科技创新、积极发展数字化能源技术、智慧绿色能源合作等问题展开讨论。论坛期间两国能源企业开展了20多场会谈，签署了18项成果文件。

金融领域中，中俄金融联盟已成为两国金融机构间机制化合作平台。中俄金融联盟成立于2015年，是一个非营利性、开放式跨境金融合作组织，中方由最早开办对俄业务的哈尔滨银行牵头，俄方由俄罗斯资产排名第一的俄罗斯联邦储蓄银行牵头。该联盟主要致力于为两国企业提供清算、结算、投融资等金融服务，加强两国商业银行间的信息交流与合作。自成立以来，成员行已从最早的35家增加到72家，成员行涵盖银行、信托、基金、保险、资产管理公司、融资租赁、行业协会、评级机构、咨询公司等十多类金融机构。2019年5月第五届中俄联盟成员大会期间，成员行签署了《哈尔滨银行与储蓄银行现钞跨境调运合作协议》《中方成员单位与莫斯科信贷银行银团借款合作意向书》《中俄金融联盟成员（中方同业）流动性应急互助框架协议》等合作协议，圣彼得堡经济论坛期间，成员行间还签署了《同业借款协议》《现钞跨境调运合作协议》《贸易融资合作协议》等协议，成功组织十多项跨境融资业务，总金额超过170亿元。

科技领域，两国建立创新对话机制。2016年中国科技部与俄罗斯经济发展部签署《关于在创新领域开展合作的谅解备忘录》，根据备忘录要求，两国组建中俄创新合作协调委员会，协调、指导中俄双方在创新领域的互利合作，加强两国在创新战略、技术转移、国家创新体系建设、大众创新创业、科技创新园区等领域的对话与合作。

（二）运作方式市场化

多年以来，“政府主导推动”“大项目带动”的合作模式成为中俄经贸合作的显著特点。每年中俄两国元首及总理进行高层互访期间，在两国政府各个部门的大力推动下，均会签署多项合作协议，这些项目的签订及落实大大推动了中俄经贸合作向前发展。“政府主导推动”“大项目带动”的这种自上而下的模式确实适用于能源、交通、航空航天、基础设施等垄断行业及公共事业领域，过去多年的合作实践表明这种模式也确实取得了显著的成效。然而，随着产能、装备制造、高新技术、电子商务等领域合作快速发展，这些竞争性领域的合作靠政府的单方面推动无法取得实效，需要以市场为导向，遵循经济规则，充分调动企业作为市场主体的积极性。在大企业合作的同时，中俄也重视中小企业合作，两国政府均出台政策大力扶持中小企业发展，保护中小企业权益，支持中小企业提升自身能力，突出产品特色，发挥创新能动性。

（三）合作领域新兴化

近年来，在贸易、投资、能源、农业、金融等传统合作领域不断深化的同时，中俄两国在电子商务、数字经济、人工智能等新兴行业的合作也迅速展开，同时这些新兴领域合作的发展又会助推传统行业的合作。

俄罗斯跨境电商起步较晚，但发展速度很快。2018 年俄罗斯收到外国邮包数量创历史新高，其中来自中国的邮包数量占 90% 以上，达 3.2 亿件，其中大部分为互联网包裹。俄罗斯有近 4000 万人使用速卖通等电子商务平台并进行购物。速卖通已将俄罗斯视为重点市场之一，其合作的物流公司菜鸟通过特货专线、海外仓等方案竭力缩短货物在途时间，中俄货物跨境时间已从70天缩短至10天左右，在莫斯科等重点城市，海外仓可以提供当日达服务。电子商务作为新兴业态还带动中俄两国传统行业共同发展。俄罗斯邮政为适应电商行业发展，将包裹快递作为其业务重点，改善基础设施，提升客户服务，重新焕发生机。传统物流企业为提高跨境电商配货时效，与仓储服务相结合，开辟海外仓业务，为电商企业提供存储、分拣、包装、商品检验、售后服务等一站式跨境物流服务。跨境电商的快速发展还促进了农产品、纺织品、小家电等传统贸易、边境贸易的发展。满洲里已有60多家企业开展中俄跨境电商业务，探索“互联网+边境贸易”等模式。

中国在全球数字经济发展中保持领先地位，数字经济规模在国内生产总值中的比重约占30%，远超世界整体水平。俄罗斯近年来也积极发展数字经济，俄政府专门制定了《俄罗斯联邦数字经济国家发展纲要》，将数字经济作为国家项目重点推进。2019年9月，以“数字经济——发展无国界”为主题的中俄商务论坛在莫斯科举行，与会人员围绕大数据分析与运用、数字经济的生态圈和智慧城市、数码物流与电子商务等领域展开讨论。数字经济已成为未来中俄经贸合作的重要方向之一。

（四）合作范围全方位化

近年来，中俄经贸合作的领域不断拓展，不仅涵盖的行业越来越多，各个具体领域内的合作也更趋全方位化。

以油气合作为例，中俄两国油气合作从早期的贸易开始。21世纪之初，中俄油气领域的合作基本为油气贸易，2004年之前中国自俄石油进口量不足1000万吨，采用铁路运输的方式。中石油公司最早参与俄罗斯油气田上游勘探开发领域，2003年开始参与萨哈林油田勘探开发。2009年中俄双方达成协议修建中俄原油管道，根据协议，中方向俄方提供总额为250亿美元的融资贷款，俄方则从2011年起，每年通过管道向中国供应1500万吨原油，合同期为20年。此后两国石油贸易逐渐突破2000万吨规模。目前，中俄能源合作全面展开，逐渐向全产业链合作迈进。上游勘探开发领域，正在实施的重大项目包括亚马尔液化天然气项目，北极液化天然气2号项目等，中游管道修建领域，中俄原油管道、中俄原油管道二线工程分别于2011年和2018年正式投入运营，中俄东线天然气管道于2019年底投产通气，西线天然气管道也逐渐提上议程。下游油气精炼领域，中石油与俄罗斯石油公司在天津滨海新区合资建设年加工能力1000万吨大炼油项目、中石化与俄罗斯西布尔建立合租公司生产丁腈橡胶项目、中俄东线天然气管道配套项目阿穆尔天然气加工厂等重大工程均在稳步推进。此外，两国在油气设备供应、工程技术服务、能源金融方面的合作也在深入开展。

在农业合作领域，中俄两国的合作从农产品进出口贸易发展到粮食回运、农业投资合作、农业产业合作区、农业科技、农产品检验检疫等全方位合作。2019年，中俄两国元首提出进一步提升农业合作水平，还特别强调支持两国企业开展大豆等农作物生产、加工、物流与贸易全产业链合作。

中俄两国在科技领域的合作也从技术产品贸易、专利转移，发展到中俄联合研发。金融领域的合作从互设机构发展到本币结算、货币互换、跨境融资、支付清算体系、保险等全方位的合作等。可以说，在各个领域，两国合作范围均出现逐渐扩大、向全方位发展的趋势。

（五）贸易投资便利化

贸易投资便利化趋势主要体现在以下四个方面：

第一，营商环境持续改善。2012年在世界银行营商环境排名中，在182个受调查经济体中，中国排名第91位，俄罗斯排名第120位。经过几年努力，中俄两国营商环境均获得较大程度的改善。在世界银行2019年10月24日发布的《全球营商环境报告2020》[①] 中，中国营商环境总体得分为77.9分，在190个受调查经济体中排名第31位，比上年提升了15位，连续第二年成为营商环境改善最大的前十个经济体。中国政府成立了针对每个营商环境指标的工作组，尤其在建筑许可、获得电力和解决破产这三方面取得了显著成效。俄罗斯营商环境总体得分为78.2分，排名第28位，俄罗斯在获得电力、保护中小投资者和纳税这三方面有所提升。但值得注意的是，俄罗斯营商环境排名的提高主要得益于基础设施可得性、行政效率等指标的改善，但影响两国经贸和投资合作的关键指标——“跨境贸易”“投资者保护”“解决破产问题”仍有待提高。

为进一步提升我国跨境贸易投资便利化水平，2019年10月25日中国国家外汇管理局颁布12项跨境贸易投资便利化措施。[②] 跨境贸易方面的措施包括：扩大贸易外汇收支便利化试点；简化小微跨境电商企业资金收付手续；优化货物贸易外汇业务报告方式；简化出口收入入账手续；便利企业分支机构货物贸易外汇收支名录登记；允许承包工程企业境外资金集中管理。跨境投融资方面的措施包括：允许非投资性外商投资企业依法以资本金开展境内股权投资；扩大资本项目收入支付便利化试点；便利境内机构向境外投资者转让境内企业股权所得转让对价款的结汇使用，允许外国投资者保证金在竞标成功后用于其出资、结汇支付等；将企业外债注销登记下放银行办理，试点取消企业外债逐笔登记；取消资本项目外汇账户开户数量

① The World Bank, Doing Business 2020, March 20, 2020, https: //www. doingbusiness. org/en/reports/global-reports/doing-business-2020.

② 国家外汇管理局：《关于进一步促进跨境贸易投资便利化的通知》，2019年10月25日，http: //www. safe. gov. cn/safe/2019/1025/14469. html。

限制；开展银行不良债权和贸易融资等跨境转让试点。这些措施的落实能够简化业务操作流程，降低企业财务成本，扩大便利化政策的惠及面，留住中长期投资，进一步提升便利化水平。

第二，海关合作密切。近年来，中俄两国海关共同致力于简化通关手续、规范监管秩序、开展便捷通关等领域的合作，积极落实信息互换、监管互认和执法互助的合作模式。2019 年两国海关在边境后贝加尔斯克公路、铁路口岸和满洲里公路、铁路口岸开展了通关监测的联合调研，摸清阻碍缩短通关时间的制约因素，并提出具体解决方案。

第三，标准对接。标准化合作可以提高产品和服务的适用性，降低交易及合规成本，规避技术性贸易壁垒，促进技术合作，对中俄两国经贸合作具有重要意义。早在 2002 年中俄总理定期会晤机制下经贸合作分委会就设立了中俄标准、计量、认证和检验监管常设工作组，每年定期召开会议。近年来，中俄两国在标准化合作领域开展了一系列积极探索。中国国家标准化管理委员会与俄罗斯联邦技术控制与计量署进行交流与合作，积极开展标准互认、计量互通、认证互信。目前，中俄已完成 591 项标准的互换和对比分析，初步构建起区域性标准、计量、认证、检测合作的工作机制，通过对比研究，不但减少企业因标准不统一而产生的损失，还能遏制低质产品进出口，促进产品提档升级。黑龙江省质监局专门成立中俄标准研究中心，开展中俄标准对比研究，整理并翻译俄罗斯标准目录，并为企业提供俄标咨询服务。2019 年，中国国家市场监督管理总局与俄罗斯联邦技术控制与计量署还开展民机标准化合作，成立中俄民机标准专题组，并签署《中俄联合编制民机技术文件工作管理规则》，联合开展标准编制工作。

第四，规则对接。随着两国经贸合作水平的提升，合作路径逐渐从重项目转向重规则。2019 年 10 月 25 日，《中国与欧亚经济联盟经贸合作协定》正式生效。该协定于 2018 年 5 月签署，涵盖贸易便利化、海关合作、知识产权保护、政府采购等13个章节，协议生效后，各国将根据本国法律制定相应的贸易调节措施。中国将与包括俄罗斯在内的欧亚经济联盟国家在该协议的框架下减少非关税贸易壁垒，进一步提高贸易投资便利化水平，实现贸易规则的对接。

（六）基础设施与服务网络化

在中俄经贸合作进程中，交通及金融等领域的基础设施建设有序推进，从单个工程到多个工程，逐渐由点到线，继而形成网络化趋势，对提高两国互联互通起到重要作用。

交通基础设施领域中，中俄两国近年来建设的重点工程包括：中俄黑龙江大桥、中俄同江铁路大桥、中俄跨境索道、滨海1号、2号国际交通运输走廊、“冰上丝绸之路”、北斗—格格纳斯卫星导航系统等基础设施项目。中俄黑龙江大桥连接中国黑河与俄罗斯布拉戈维申斯克，是一座现代化的公路大桥。同江铁路大桥连接中国同江和俄罗斯犹太自治州下列宁斯阔耶，将中国东北铁路网与俄罗斯西伯利亚铁路相连接。中俄跨境索道跨越黑龙江，连接中国黑河和俄罗斯布拉戈维申斯克，建成后可大大增加口岸的客运量。滨海1号和滨海2号国际运输走廊是在俄罗斯远东大开发背景下提出的，滨海1号国际运输走廊的线路是从俄罗斯符拉迪沃斯托克—俄罗斯波格拉尼奇内—绥芬河—哈尔滨，滨海2号则与中国“一带一路”倡议下中蒙俄经济走廊相衔接，线路为：长春—吉林—珲春/俄罗斯克拉斯基诺，珲春/俄罗斯马哈林诺—扎鲁比诺港—亚太地区港口/中国南方沿海港口。“冰上丝绸之路”是指中俄两国通过共同开发并合理利用北冰洋到欧洲的北极航道，促进北极地区互联互通和经济社会可持续发展。这些基础设施工程的规划不仅涉及公路、铁路、港口、口岸及相关跨境园区等硬件基础设施的建设及现代化改造，还涉及货物过境制度的完善、口岸通关效率的提高、电子申报的引入等软件基础设施的提升。这一系列陆上、海上交通基础设施，加上中俄两国在北斗—格洛纳斯卫星导航系统的合作，共同构成了连接俄罗斯远东地区与中国东北及亚太地区的全方位、立体化交通网络，促进了中俄毗邻地区合作。

金融领域中，金融机构和金融服务也呈现网络化趋势。随着中俄两国金融合作的深化，两国金融机构积极互设网点。互设机构和代理行能够有效缩短资金的在途时间，提高资金结算效率。中国在俄罗斯设立机构始于1993年，中国银行在莫斯科设立子银行，随着中俄贸易的发展，在俄设立机构的中资银行也逐渐增多，截至目前，中国银行、中国工商银行、中国建设银行、中国农业银行、国家开发银行和中国进出口银行，这6家银行在俄罗斯设立了5家子行和2家代表处。俄罗斯在中国设立机构始于1989年，俄罗斯外贸银行在中国设立了代表处，截至目前，俄罗斯外贸银行、俄罗斯信贷商业银行、俄罗斯开发与对外经济银行、俄罗斯工业通信银行、俄罗斯天然气工业银行、俄罗斯兴盛银行、俄罗斯欧洲金融莫斯科人民银行、俄罗斯储蓄银行、俄罗斯农业银行、俄罗斯中央银行在中国设立了10家代表处，俄罗斯外贸银行在上海设立了分行。中俄两国还通过做强金融联盟等方式加强在贸易结算、授信、项目融资、保险等方面业务的合作。近年来中俄两国开展的扩大本币结算、签订货币互换协议、人民币跨境支付系统与俄罗斯金融信息传输系统之间加强跨境支付体系合作、中国银联与俄罗斯国家支付卡公司合作发行银联—MIR双标卡等一系列合作，也使两国间金融服务逐步实现网络化。

五　中俄经贸合作中存在的问题

尽管中俄两国经贸合作取得了丰硕的成果，但仍存在一些问题严重阻碍经贸合作的深化发展。其中主要问题包括：贸易商品结构低级化、双边贸易仍以产业间贸易为主、服务贸易发展相对落后、制度环境有待优化、民众间仍存在戒备心理等。这些问题大多具有长期性，需要两国携手努力，只有从根本上解决这些问题，中俄经贸合作的水平才能取得质的提升。此外，新冠肺炎疫情影响下，世界经济形势、全球化趋势及人类的生活方式都产生了深刻的变化，中俄经贸合作也受到一定程度的负面影响。整体看，两国经贸合作向好的趋势不会改变，两国政府、工商界和学界应共同努力，及时对中俄经贸合作的模式和内容进行调整，使之不断与新形势相适应。

（一）贸易商品结构低级化

尽管中俄两国贸易规模不断扩大，但贸易商品结构低级化的状况并无实质性改变。总体上看，中国对俄出口商品结构明显好于俄对华出口商品结构。从俄方看，俄罗斯向中国出口的产品主要是能源和资源类产品（原油、成品油、原木、煤等），对俄方而言，出口结构的能源化和低级化正是国内经济产业结构畸形的表现。尤其是近年来俄罗斯努力实现能源出口多元化，并逐渐把战略重心转向亚洲，中俄能源合作不断取得新突破，能源类产品在俄罗斯对华出口商品结构中的比重逐渐固化且仍有上升趋势，如何改变出口商品结构低级化的现状一直是俄方关注的重心，但这恐怕还要从俄国内经济结构的优化入手，并非朝夕之功。应引起中国企业注意的是，俄罗斯不仅拥有丰富的资源，而且其科技水平也很高，应积极参与到俄政府鼓励和扶持的高科技行业（如生物技术、航空航天技术、纳米技术等）中，带动贸易结构逐步优化。从中方看，中国对俄罗斯的出口产品主要是机械设备、轻纺产品（服装、鞋、纱线等）、电子产品、农产品、金属及其制品等。近年来，中国对俄机电出口额增长较为快速，在一定程度上优化了中国对俄出口商品结构。同时，值得注意的是，在中国对俄出口商品中，工业机械、设备、零部件等资本密集型产品和高新技术产品的比重仍然不高，办公设备、小家电、电信录音设备等一般技术密集型产品比重较大。这类商品可替代性强，在俄罗斯市场上还面临着日韩等国同类商品的激烈竞争，中国企业往往要以更低廉的价格换取市场份额，大大压缩了企业的利润空间。

（二）双边贸易仍以产业间贸易为主

根据国际贸易比较优势理论，国际贸易可以分为产业间贸易和产业内贸易。产业间贸易是指一个国家或地区，在一段时间内，同一产业部门产品只出口或只进口的现象。产业间贸易中，同一产业产品基本上是单向流动的。产业间贸易形成的基础是各国产业之间分工的不同，由于各国在不同产品的生产上有各自的成本优势，从而形成该产品的价格优势，这就构成了各国产业间进行贸易的基础，而这种成本的优势往往来源于各自的资源禀赋或技术的差异。产业间贸易属于早期的贸易方式，当前的国际贸易更多为产业内贸易。产业内贸易是指一个国家或地区，在一段时间内，同一产业部门既有进口又有出口，产品是双向流动的。产业内贸易还包括中间产品贸易，即某产品的半制成品或零部件在两国间的贸易。由于跨国公司的兴起和快速发展，国际贸易中很大一部分贸易是在跨国公司的子公司和母公司或是子公司之间进行的。产业内贸易首先表现为差异产品的贸易，主要集中于新产品和制成品的产业中。根据中俄贸易商品结构，中俄两国的贸易仍以产业间贸易为主，这主要由两国经济结构、经济发展水平和自然资源禀赋决定。21 世纪以来中国制造业飞速发展，逐渐成为“世界工厂”，而与之相比，经济转型之后俄罗斯制造业（尤其是机电行业）普遍经历了生产大幅下降的时期，出口乏力，在与中国的贸易中始终保持较大逆差。因此，由于两国制造业水平的差异，导致制成品在中俄贸易中不具备双向流动的条件。同时，中俄两国经济结构决定了两国在能源、轻工业等领域存在很强的互补性，形成了支撑产业间贸易的前提条件。

（三）服务贸易发展相对落后

随着世界经济的不断发展和产业结构的演进，世界主要发达国家逐渐进入后工业时代，服务业对经济发展的拉动作用越来越强。在经济全球化的背景下，世界经济也逐渐出现服务化趋势，服务贸易在国际贸易中的地位日益增强。然而，从目前中俄贸易发展现状看，服务贸易与货物贸易相比发展相对落后。同时，中俄两国服务贸易仍主要集中于传统行业，如运输、旅游等行业，金融、保险、咨询、通信等生产性服务行业及知识密集型行业服务贸易比重近年来虽然有所增加，但尚处于起步阶段，这也是与中俄两国产业结构所处阶段是相符的。中俄两国均未进入后工业化阶段，两国服务业的发展与发达国家相比也相对落后，尤其是生产性服务业对经济发展的拉动力不足，这就决定了中俄两国服务贸易发展滞后。服务贸易尤其是生产性服务业间的贸易能够提高货物贸易的附加值，能够对货物贸易转型和升级起着巨大的促进作用。因此，在中俄两国贸易中应注重发挥服务贸易对货物贸易的促进和拉动作用，以其高附加值的优势，提高货物贸易的技术含量，延长货物贸易的价值链。① 同时，中俄两国还应在优化本国产业结构和服务业结构的基础上，拓宽两国在生产性服务业中的贸易合作，大力推进电子商务的广泛应用，优化两国服务贸易结构。

（四）制度环境有待优化

1. 贸易便利化水平有待提高

世界经济论坛从2008年开始对世界136个经济体贸易便利化相关指标进行评估，根据各经济体在市场准入、边境管理、基础设施及营商环境等方面的表现编制出全球贸易促进指数并进行排名。根据《2016年全球贸易促进报告》，② 中俄两国分别排名第61位和第111位。在市场准入方面，中俄两国的排名均不理想，中国的进口关税税率较高，而俄罗斯的关税复杂性较高，高关税和高关税复杂性严重制约了中俄两国双边贸易的发展；交通基础设施的可获得性及质量、运输服务的可获得性及质量与通信设施的可获得性及使用这三方面，中俄两国相关指标的排名比较靠前或居中；而在边境管理的效率与透明度和营商环境两方面，中俄两国存在较大差距。从边境管理看，中国的清关效率较高，该项指标在136个经济体中排名第31位，而俄罗斯清关效率得分仅为2分，在136个经济体中排在第124

① 高晓慧：《中俄贸易额在各自国家对外贸易中的贡献分析》，《俄罗斯东欧中亚研究》2014年第4期。

② World Economic Forum, "The Global Enabling Trade Report", June 14, 2017, https://cn.weforum.org/reports/the-global-enabling-trade-report-2016.

位。俄方跨境贸易的审批手续相对繁杂，进出口成本也大大高于中国，从表 5.1 中可以看出，俄方边境检查所需进口成本为 1125 美元，比中国高 45%，出口成本为 765 美元，比中国高 46%。贸易成本高昂也成为中俄双边贸易发展的制约因素。营商环境方面，近年来俄罗斯营商环境大幅度改善，但财产保护、融资渠道和人身安全这三项指标的评分排名仍在 100 名之后。从上述指标可以清晰地看出，中俄两国在提高贸易便利化水平方面仍需做出更多努力。

表 5.1　　中俄贸易促进指数及相关指标比较

指标	中国		俄罗斯	
	排名	评分	排名	评分
	61	4.5	111	3.8
国内市场准入	101	4.3	112	3.9
关税税率（%）	117	11.1	73	5.8
关税复杂性	43	6.4	105	3.5
免税进口的份额（%）	95	50.2	102	39.7
外国市场准入	124	2.4	129	2.2
关税税率（%）	114	4.5	133	5.0
在目的地市场的预付保证金(0—100分)	129	6.7	120	12.4
边境管理的效率与透明度	52	4.9	104	3.9
海关服务指数（0—1 分）	50	0.65	42	0.69
清关效率（1—5 分）	31	3.3	124	2.0
进口时间：文件审核（小时）	88	65.7	76	42.5
进口时间：边境检查（小时）	101	92.3	102	96.0
进口成本：文件审核（美元）	97	170.9	91	152.5
进口成本：边境检查（美元）	120	776.6	128	1125
出口时间：文件审核（小时）	66	21.2	75	25.4
出口时间：边境检查（小时）	56	25.9	109	96
出口成本：文件审核（美元）	65	84.6	74	92
出口成本：边境检查（美元）	108	522.4	124	765
违规支付及贿赂（进出口）	53	4.3	70	3.7

续表

指标	中国		俄罗斯	
	排名	评分	排名	评分
	61	4.5	111	3.8
进口手续时间的可预测性	48	4.4	102	3.4
海关透明度指数（0—1 分）	40	0.9	96	0.6
交通基础设施的可获得性及质量	12	5.6	37	4.1
航空里程（百万公里）	4	5192.5	24	1390.9
航空基础设施质量	48	4.8	64	4.4
铁路基础设施质量	14	5.1	25	4.4
班轮运输连通性指数	1	167.5	36	42.6
港口设施质量	42	4.6	71	4.0
公路质量指数	17	6.3	38	5.7
运输服务的可获得性及质量	32	4.9	82	3.8
运输便利性指数（1—5 分）	12	3.7	109	2.5
物流能力（1—5 分）	27	3.6	73	2.8
装运到港的及时性（1—5 分）	31	3.9	85	3.2
邮政服务效率	57	4.8	94	3.9
运输方式转变效率	40	4.5	51	4.3
通信设施的可获得性及使用	64	4.7	37	5.5
蜂窝数据用户	103	93.2	13	160
网络用户（%）	76	50.3	38	73.4
移动宽带用户	62	56	39	71.3
政府在线服务指数（0—1 分）	31	0.77	37	0.73
营商环境	42	4.6	113	3.8
财产保护	51	4.4	119	3.4
公共政策的效率及问责制	24	4.7	64	3.9
融资渠道	45	4.3	112	3.3
外资参与开放度	33	4.9	94	4.1
人身安全	96	5.0	109	4.3

资料来源：World Economic Forum，“The Global Enabling Trade Report”，June 14，2017，https：//cn. weforum. org/reports/the-global-enabling-trade-report-2016.

2. 营商环境仍需改善

近年来，中俄两国政府都实行了一系列措施改善营商环境，在世界银行公布的《全球营商环境报告》中的排名有了很大幅度的提升。2010 年，俄罗斯排名为第 120 名，到 2020 年，其排名已经快速提升至第 28 名。[①] 然而，在中国企业对俄贸易和投资实践中，却没有明显感觉到这种改善。这是由于，营商环境的指标体系中，俄罗斯在开办企业、获得建筑许可、获得电力、资产注册这几个指标方面有了极大程度的改善，如开办企业指标排名从第 106 位提升至第 40 位，获得建筑许可指标排名从第 182 位提升至第 26 位，获得电力的排名居全球第 7 位，资产注册指标排名从第 45 位提高到第 12 位，这些指标的改善主要得益于行政部门工作效率的提高，因此能够在短时期内取得较好的效果，也对俄罗斯营商环境总体排名起到重要作用。但开办企业、获得建筑许可、获得电力、资产注册等指标对企业开办前的准备工作影响较大，对企业的贸易和投资决策影响不大。真正决定企业决策的指标为投资者保护、税收、跨境贸易、解决破产这四项，这些指标的改善有赖于产权制度、税收体系和法律环境的优化，因此收效较慢，难度也较大。俄罗斯在这四项指标的排名较低，分别为第 72 位、第 58 位、第 99 位和第 57 位，因此，在实践中企业对俄罗斯营商环境的改善感觉并不明显。（见表 5.2）

由于俄罗斯金融环境不佳，金融体系发展仍处于初级阶段，中国银行和企业对俄投资的金融风险相对较高。主要原因在于：第一，俄罗斯法律制度尚不完善，贸易政策频繁调整，金融政

① The World Bank, Doing Business 2020 Ease of doing Business Score Calculator, March 20, 2020, https: //www. doingbusiness. org/en/data/doing-business-score.

表 5.2 中俄营商环境相关指标

指标	中国		俄罗斯	
	2010 年	2020 年	2010 年	2020 年
总排名	89	31	120	28
开办企业	151	27	106	40
获得建筑许可	180	33	182	26
获得电力	—	12	—	7
资产注册	32	28	45	12
获得信贷	61	80	87	25
投资者保护	93	28	93	72
税收	130	105	103	58
合同执行	18	5	19	21
跨境贸易	44	56	162	99
解决破产问题	65	51	92	57

资料来源：The World Bank，Doing Business 2020 Ease of doing Business Score Calculator，March 20，2020，https：//www. doingbusiness. org/en/data/doing-business-score.

策也会产生相应变化，导致中俄企业间经济活动和金融活动面临较多不确定因素。第二，俄罗斯银行体系发展尚不成熟，相关制度法规并不完善，银行信用等级低，资本市场和保险行业也都处于发展的初级阶段。由于银行业准入门槛较低，规模大的银行机构较少，且经营缺乏独立性，因此，俄罗斯银行体系抵御风险的能力也较低。第三，俄罗斯银行业整体服务水平较低。俄罗斯银行业业务品种相对单一，收费较高，从业人员的专业技术水平和业务素质不高，办事效率低，严重缺乏熟悉金融管理的专业技术人员。第四，中俄金融合作缺乏风险管控机制。中俄两国银行间交流仍不充分，并未就风险管控等问题开展协同合作。第五，在经济形势恶化的条件下，对俄投资风险加大。鉴于俄罗斯不平衡的经济结构，在原油价格下跌、西方制裁等因素的影响下，俄罗斯经济下滑、通胀加剧、金融市场低迷、卢布大幅贬值，银行和企业对俄合作的金融风险也相应加大，中方银行对涉俄金融服务大多采取较为审慎的态度。正是由于以上种种原因，中方企业对俄投资和中方商业银行在俄扩展业务的积极性不高，不利于金融服务的创新及经贸合作的深入发展。

（五）俄罗斯民众对华存在戒备心理

尽管中俄两国政治高度互信，但在俄罗斯社会及民众中仍存在对中俄合作的戒备心理。20 世纪 90 年代出现的“中国威胁论”，认为中国对远东地区有领土诉求，中国会通过移民和与远东地区经济合作扩大其对该地区的影响力，在一定条件下，不排除远东地区会割裂出去。针对这一问题，俄罗斯学者拉林认为，中国在当时作为一个议题，被俄罗斯各方利用：政治家是为了在伪爱国主义与民族主义的浪潮中保持或获得政权；军人是为了吸引莫斯科的注意，从而获得利益；哥萨克是为了提升自己的地位和民众中的受欢迎度；国家安全系统则是为了本部门利益。①

在当前形势下，“中国威胁论”肯定不是俄罗斯对华政策的基调，但不可否认的是俄罗斯民众对中国的疑虑在中俄合作中长期存在。主要问题集中于以下几方面：第一，由于俄罗斯出口给中国的商品多为能源和资源等初级产品，而从中国进口的商品主要为工业品。因此，有一部分俄罗斯人认为中俄贸易中俄罗斯是“吃亏”的一方，能源和资源具有不可再生性，将能源和资源出口给中国有伤俄罗斯的尊严。“贝加尔湖水厂事件”就是此类问题的典型案例。一些俄罗斯企业还认为，从中国进

① Дальневосточный Ученый. 2002. № 21（30 октября）. 转引自姜毅等《中俄边境口岸研究》，中国社会科学出版社 2018 年版。

口的工业品会挤占俄罗斯市场，与其本国工业中的同类产品形成竞争。第二，中国推行的“一带一路”倡议是中国将落后产能转移到国外。第三，指责一些中国企业的生产行为破坏俄罗斯的生态环境等。这种戒备心理阻碍了中俄经贸的深化和发展。

（六）新冠肺炎疫情的影响

2020 年年初新冠肺炎疫情暴发，世界经济形势及全球化趋势产生了深刻的变化。第一，全球化进一步放缓，甚至出现回退。2008 年国际金融危机之后，经济全球化已进入调整期。金融危机前十年（1998—2007 年），国际贸易年均增长达到 10% 以上，国际资本流动达到 12.4 万亿美元，而危机后十年（2008—2017 年）国际贸易年均增长率仅为 3%—4%，国际资本流动不到 6 万亿美元。由于受疫情影响最严重的国家占据国际贸易大多数份额，可以预计，2020 年，在疫情影响下国际贸易增速将出现明显下降，甚至负增长，经济全球化进程进一步放缓，短期内甚至会出现回退。第二，国际产业分工和布局发生重大调整，产业链、供应链、价值链国内化、多元化趋势加强。疫情过后，很多国家会对其全球产业布局进行反思和调整，价值链、供应链国内化趋势加强，尤其是经济安全相关领域。但由于跨国公司的逐利性，其全球供应链应该不会出现大规模回撤，但布局将更趋多元化。疫情导致各国停工停产，给世界经济带来巨大冲击。疫情过后，各国将更加重视经济安全，重视重要生活物资生产的本地化，更加重视经济自主性。全球产业链和供应链的重组已经不可避免，将出现本地化、区域化、集团化的趋势，而这些变化将给疫情结束后各国的复工复产，恢复经济增长带来巨大挑战。

疫情影响下，中俄双边贸易额下降是必然的。疫情期间中俄边境口岸客运停止通行，货运基本保持正常（见表 5.3），因此，两国货物贸易受到的影响相对较小。根据中国海关总署数据，

2020 年 1—5 月，中俄双边货物贸易额为 408.92 亿美元，同比下降 4.3%，其中中国对俄出口额为 169.42 亿美元，同比下降 7.3%，中国自俄进口额为 239.45 亿美元，同比下降 2.1%。俄罗斯海关的数据与中方略有出入，2020 年 1—5 月，双边贸易额为 394.92 亿美元，同比下降 6.9%，其中，俄罗斯对华出口额为 196.44 亿美元，同比下降 11.7%，俄自华进口额为 198.48 亿美元，同比下降 1.6%，中俄贸易在俄罗斯对外贸易总额中的比例达到 17.8%。

表 5.3　　疫情期间中俄边境口岸通行情况

	口岸	客运	货运
黑龙江	哈尔滨机场口岸	正常	正常
	佳木斯机场口岸	临时性停航	临时性停航
	牡丹江机场口岸	临时性停航	临时性停航
	绥芬河公路口岸	临时停止通行	正常
	绥芬河铁路口岸	临时停止通行	正常
	黑河口岸	临时停止通行	正常
	逊克口岸	临时停止通行	正常
	密山口岸	临时停止通行	正常
	虎林口岸	工程性闭关	
	东宁口岸	临时停止通行	正常
	萝北口岸	临时停止通行	临时停止通行
	同江口岸	临时停止通行	正常
	抚远口岸	季节性闭关	
	饶河口岸	临时停止通行	临时停止通行
	漠河口岸	季节性闭关	
内蒙古	满洲里空港口岸	临时性停航	临时性停航
	满洲里公路口岸	临时停止通行	正常
	满洲里铁路口岸	临时停止通行	正常
	黑山头口岸	临时停止通行	临时停止通行
	室韦口岸	临时停止通行	临时停止通行

续表

	口岸	客运	货运
吉林	长春口岸	正常	正常
	珲春公路口岸	临时停止通行	正常
	珲春铁路口岸	临时停止通行	正常

资料来源：2020 年 7 月 4 日，国家移民管理局（https://www.nia.gov.cn/n741435/n907688/n1234186/n1248056/index.html）。

中国自俄进口商品主要为能源类产品，随着能源价格下降，中国自俄进口的价值量会出现缩水现象。中国对俄出口商品主要为机电产品、贱金属及制品、纺织品、化工产品、轻工制品等。疫情期间停工停产会导致短期内的需求下降，但复工后，随着需求和生产的恢复，这些产品的出口将会出现弥补性增长。货物贸易中农产品贸易受到的负面影响最大，但农产品在中俄贸易中占比很小，活动物和动物产品，动植物油脂，植物产品及食品、饮料、烟草这四类产品在中国自俄进口额中占 5.7%，在中国对俄出口额中占 2.6%。因此，货物贸易额总体受疫情影响不是很大。然而，服务贸易受到的冲击较为严重。由于服务贸易要建立在人员往来基础上，疫情限制人员流动的措施对物流业、旅游业及商务服务的负面影响很大。

除双边贸易外，投资合作、基础设施合作、地方合作、人文合作等很多领域也无法开展正常工作，但两国在疫情防控和共同研制疫苗等领域开展了密切的交流与合作。今后也可以以此为契机，利用好“中俄科技创新年”这一平台，继续加强应急处理、公共卫生及医疗科研等领域的合作。短期内经贸额的下降不足以撼动两国多年来在经贸合作领域建立的稳固基础，疫情过后两国经贸合作向好的趋势不会改变。

六　对策建议

面对复杂多变的国际经济形势，针对第五章提到的问题，未来合作中，中俄双方应做好以下五方面工作：

（一）正确看待贸易额目标

2019 年中俄两国元首提出力争在 2024 年实现中俄双边贸易额达到 2000 亿美元的目标。2019 年中俄双边货物贸易额为 1107.94 亿美元，加上服务贸易，双边贸易总规模大约在 1300 亿美元左右，与 2000 亿美元的目标尚存在一定差距。

近年来，全球经济增长趋缓，俄罗斯经济陷入低增长困境，中国经济增长也出现放缓趋势，目前，中俄贸易在俄罗斯对外贸易总额中已占 16.6%，受宏观经济环境、俄罗斯经济体量及其外贸规模所限，仅用四年时间实现双边贸易额达到 2000 亿美元的难度较大。

事实上，与实现经贸额数量指标的突破相比，优化贸易结构、提高经贸合作质量更具现实意义。首先，中俄两国应练好“内功”，积极推动国内结构改革，转变经济增长方式，优化本国产业结构，增强经贸合作发展的内生动力；其次，进一步改善营商环境，扩大经济开放度，加强基础设施建设，提高贸易投资便利化水平，为经贸合作创造良好环境；再次，在落实已签订的《中国与欧亚经济联盟经贸合作协定》基础上，推动建立更自由的区域贸易安排；最后，在巩固现有合作成果的基础上，一方面深挖农业、能源、投资、金融等领域的合作潜力，另一方面，在高新技术、数字经济、服务贸易等领域开辟新的增长点，扩大两国务实合作的深度和广度，使中俄经贸合作加速提质升级，向高质量发展迈进。

（二）优化贸易结构，提高合作质量

长期以来，中俄两国在贸易往来过程中形成了相对固定的贸易结构，即俄罗斯对华出口以能源和资源类产品为主，中国对俄出口以机械设备及服装鞋帽等劳动密集型产品为主的贸易结构。贸易结构低级化成为一个长期存在的问题，一直难以改变。2008 年以来，中俄双边贸易结构并未发生实质性变化。

整体上，中国对俄出口商品结构优于俄罗斯对华出口商品结构。从俄方角度看，产品出口结构能源化正是国内产业结构能源化的折射。2008—2019 年，俄罗斯在这十余年间经历了两次严重的经济危机，进口替代措施并未取得实效，俄政府也先后出台了创新型经济、经济现代化等发展战略，然而能源和资源行业在俄罗斯经济中的作用依然举足轻重。反映在中俄贸易中，在西方制裁的推动下，俄罗斯对华出口资源的态度更加积极，矿产品和木材两大资源性产品的比重从 69.5% 进一步提高至 81.7%，俄罗斯对华出口资源化趋势仍在加强。从中方的角度看，2008—2019 年机电产品对俄出口的比例从 46.3% 提高至 47.7%，在一定程度上使中国对俄出口商品结构得到了优化。然而，在这些机电产品中，大多为办公、录音设备、小家电等技术含量不高、可替代性强的产品，相当于传统劳动密集型产品的“升级版”，随着中国人力成本的不断提高，价格竞争优势也将降低。

目前，中俄双边贸易仍停留在凭借各自的要素禀赋而进行的产业间贸易上。能源合作是中俄经贸合作的重点领域，随着东线天然气管道通气运营，中国自俄能源进口量还会继续增长；因此，优化贸易结构，降低能源进口及劳动密集型产品出口在贸易中的比例，只能从扩大相互投资，提高产品附加值入手。

第一，扩大相互投资。消费偏好、收入水平及技术水平的差异会在相似产品中形成不同细分市场，从而形成产业内贸易。在消费品和制成品行业，中俄两国各有所长，鼓励两国企业扩大相互投资，使跨国公司成为经贸合作的载体，通过水平一体化模式，挖掘两国间内部市场潜力，进行差别产品交易；提高产品技术含量，利用相互间技术差异，发展垂直一体化，实现规模经济，降低生产成本，同时，两国通过相互投资也可在生产技术和管理经验方面取长补短。

第二，加强科技合作。在经济全球化推动下，知识、技术、人才等核心创新要素在全球范围加速流动，在中美贸易争端和西方制裁背景下，中俄两国创新合作需求与日俱增。应加强先进技术的相互引进；积极开展重大项目的联合研发，共同提高技术能力，解决技术难题；加强科技领域人才交流与合作，加强高等院校、科研院所之间的交流，促进产学研相结合，发挥科技创新在两国产能合作中的作用；加强教育合作，为两国科技创新发展培育和储备人才；充分利用2020—2021年国家科技创新年的契机，加强两国科技创新合作，提高两国经贸合作的科技含量。

第三，促进服务贸易增长。服务贸易尤其是生产性服务业的贸易能够提高货物贸易的附加值，对货物贸易结构的优化起着巨大的促进作用。我国服务贸易的优势为劳动密集型传统服务业，主要集中于运输、旅游和建筑三大行业，信息服务和广告服务业发展较快；俄罗斯服务贸易总量较小，发展相对缓慢，主要集中于运输和旅游两个传统服务业。中俄服务贸易发展滞后于货物贸易，应在充分挖掘运输、旅游等传统服务业合作潜力的同时，加快发展金融、保险、咨询、通信等生产性服务行业及知识密集型行业中的服务贸易，促进服务领域的相互投资，充分发挥服务贸易对货物贸易的拉动作用。

（三）转变政府职能，加强制度保障

政府在能源、基础设施等领域的合作中应继续发挥主导作用，而在制造业合作、高新技术、跨境电商等竞争性及新兴行业中，政府应逐渐转变职能，从直接主导转为间接引导，让市场发挥资源配置的主导作用。未来合作中，政府的作用应主要体现在以下三方面：

第一，奠定法律基础。首先，及时对已过时的合作协议进行修订。中俄合作以来，已经陆续签署了一系列合作协议，包括：《中俄政府间关于鼓励和相互保护投资的协定》《中俄政府间关于对所得税避免双重征税和偷漏税的协定》《中俄政府间关于经济贸易关系的协定》《中俄政府间关于解决政府贷款债务的协定》等，这些协议的签署为双方合作奠定了法律基础。然而，随着两国合作不断深入和发展，一些签署多年的协议已不符合两国合作的现实发展。应根据两国合作的现实情况，或签署新的合作协议，或对已签署协议中市场准入、投资争端解决、债务问题解决等重要内容加以修订，为企业合作创造更加宽松的制度环境。其次，积极落实《中国与欧亚经济联盟经贸合作协定》，加强两国贸易规则的对接，努力消除合作中的制度性障碍。①

第二，优化营商环境。近年来，中俄两国营商环境持续改善，然而当前全球化遭遇波折，单边主义抬头，中俄两国又都

① 刘华芹：《开启中俄经贸合作新时代——中俄（苏）经贸合作七十年回顾与展望》，《俄罗斯东欧中亚研究》2019 年第 4 期。

处于转变经济发展方式、优化结构的改革关键期，继续优化营商环境更加势在必行。两国政府应进一步提高市场运行效率，降低运行成本，激发企业活力。进一步实行公开透明、公平竞争原则，放宽市场准入，提高监管水平；严格保护知识产权，维护经营主体财产安全；遵循市场规则，规范市场秩序，强化竞争政策的基础性地位。

第三，提供公共服务。有关部门应搭建信息与交流平台，及时更新两国贸易、投资、税收等法律法规及相关政策变化的信息；为企业提供公共服务，支持两国贸促机构和行业组织，举办展览会，组织并帮助企业参加各类贸促活动；组织专家为企业提供政策咨询、人才培训等服务；构建贸易合作保障体系，建立法律、金融、信息及风险防范体系，维护投资者的海外利益等。

（四）提高经济互信，人文合作先行

在中俄两国元首的引领下，两国政治互信不断巩固提升，达到历史最高水平，然而中俄两国的经济互信程度却不高，在合作中经常出现误解、抱怨、顾虑和猜忌，继而阻碍经贸合作的发展。比如，中国企业经常抱怨与俄方合作中出现合同履约率不高、债务拖欠、买空卖空、随意扣留货物和资金等问题，俄方则经常抱怨中方违反俄罗斯法律法规，如逃税、过度使用农药等；俄方提出两国贸易不平衡，中国自俄大多进口资源，而对俄出口制成品，担心沦为中国的“资源附庸国”，中国在俄投资资源行业会破坏俄生态环境；两国在合作中存在“雷声大、雨点小”，“协议多、落实少”等现象。之所以出现上述缺乏经济互信的表现，问题主要集中在以下三方面：第一，法律制度有待完善，投资环境有待提高；第二，双方企业缺乏对对象国法律制度和投资环境的了解，主要涉及税法、环境保护法、信用保险制度、银行结算制度、法律仲裁制度、质量监管制度等；第三，两国企业和民众间缺乏了解。

解决这些问题则需要政府、企业和民众共同努力。第一，在政府层面，政府有义务完善法律制度、优化投资环境，并为企业了解对象国相关信息建立信息平台，提供咨询和培训等服务等，杜绝违法违规现象的发生；完善经贸合作的制度建设，将贸易和投资合作纳入制度框架之内，以制度作为经济互信的保障。第二，在企业层面，企业应积极开展投资考察和市场调研，全面了解投资对象国的法律制度、国情、民情、市场行情等相关信息，在了解的基础上，自觉遵守对象国法律，尊重对象国民族习惯等。第三，在民众层面，加强两国间人文交流，增进两国民众的相互了解，促进民心相通，逐渐消除因合作理念方面的差异而导致的误解；加强媒体合作，加强中俄友好和新时代全面战略协作伙伴关系的正面宣传，增信释疑，避免“中国威胁论”“债务陷阱”“资源附庸”“破坏环境”等偏激言论；开展教育合作，建立人才培训体系，为两国经贸合作培养并积蓄一批懂语言、知国情、精业务的复合型人才；加强青年一代的交往，培养下一代中俄友好。

（五）降低疫情影响，规划重点领域

疫情在全球范围的蔓延对国际经济合作和人们的生活方式产生了巨大影响，中俄两国应做好疫情常态化的准备，对疫情时期和后疫情时代两国经济合作的重点领域进行规划。

第一，大力发展数字化合作，促进传统合作领域的数字化转型。疫情期间，在实体经济遭遇打击的同时，以大数据、人工智能、云服务、区块链为代表的数字化行业却面临着新的发展机遇。蓬勃发展的数字技术正在重塑全球经济，重构商业模式，在此背景下，中俄两国应拓宽数字技术的应用范围，使其与传统业态相互融合，并促进两国传统领域的合作。充分利用互联网开展线上合作，通过网上签约等形式保证国际经济合作的开展；积极开展线上商务、咨询等服务，举办网络会议；发展数字文旅行业，建立云旅游平台，运用VR技术达到沉浸式体验的效果，为后疫情时期实体旅游业发展进行有益的内容补充，刺激实体旅游需求；通过线上教学、网络学术会议等方式开展教育合作及智库合作等。

第二，加强经济安全合作机制建设。疫情对世界经济格局和经济全球化都将产生深远的影响，中俄战略合作需要对此做出战略性应对，在欧亚地区建立更加有效的经济安全合作机制，其中包括：能源安全合作；制造业和技术创新领域的产业链、供应链合作；物流、运输和数据交换方面的安全合作等。

第三，促进公共卫生领域的合作。此次疫情下，中俄两国为对方提供了大量医疗物资，并在信息分享、疫苗研制、预防传播等方面进行了有效合作，这为未来两国公共卫生领域的合作打下了良好的基础。未来中俄两国应在协同防止疫情二次暴发、医疗科研、应急处理等方面展开合作。

第四，推动“一带一盟”对接合作，加强两国在金砖国家、上合组织等多边机制下的合作。疫情凸显了国际组织的脆弱性和低效性。后疫情时代国际组织的前景对中俄两国而言都至关重要。中俄两国同为上合组织、金砖国家等多边机制的成员国，疫情背景下应激发这些国际组织的生命力，中俄两国应在金砖国家、上合组织框架下提出新的合作目标。落实《中国与欧亚经济联盟经贸合作协定》中的合作内容，推动符合中国、欧亚经济联盟及其成员国利益的优先项目，加快推动“一带一路”与欧亚经济联盟对接合作。

第五，能源合作仍是中俄经贸合作的核心领域。继续与俄罗斯在能源领域开展全方位、全产业链合作，建立稳定的能源伙伴关系，为俄罗斯在国际能源格局的博弈提供市场支持。

第六，加强金融合作，为两国企业经济合作提供资金保障。金融合作是一项长期的系统性工程，需要从顶层设计、配套措施、合作模式等多方面着手。从顶层设计看，应在中俄金融合作分委会机制下，对未来金融合作制定长期规划，充分发挥金融分委会的作用，提高效率和执行力；从配套措施看，应加强本币支付清算体系建设，促进形成人民币对卢布直接汇率，进一步扩大本币结算范围，优化跨国金融信用环境，建立对俄离岸金融市场等；从合作模式看，应鼓励两国金融主体开展合作模式创新，畅通融资渠道。

第七，扩大科技创新合作深度和广度。2020 年和 2021 年中俄两国共同举办“科技创新年”，应充分利用这一契机，推进中俄联合科技创新基金建设，推动中俄大科学合作，加强两国在高新技术、航空航天、装备制造等领域的合作，积极开展技术交流和联合研发。

第八，继续夯实两国经贸合作的法律基础，完善机制建设，改善营商环境。

附录　中俄经贸合作重要文件

中华人民共和国和俄罗斯联邦关于发展新时代全面战略协作伙伴关系的联合声明*

应俄罗斯联邦总统普京邀请，中华人民共和国主席习近平于2019年6月5日至7日对俄罗斯进行国事访问并出席第二十三届圣彼得堡国际经济论坛。两国元首在莫斯科举行会谈，习近平主席会见俄罗斯联邦政府总理德·阿·梅德韦杰夫。

中华人民共和国和俄罗斯联邦（以下称“双方”），声明如下：

一

2019年是两国建交70周年，中俄双方均予以隆重庆祝。70年来，两国关系走过不平凡的历程。双方汲取历史经验，立足两国和两国人民利益，致力于实现和平发展、合作共赢，推动中俄关系达到历史最好水平，树立了睦邻相处、合作共赢的典范。中俄关系牢固、稳定，不受外部环境干扰而改变，具有巨大的内生动力和广阔发展前景。

双方认为，当前中俄关系的主要特征是：

---

* 2019年6月6日，新华网（http：//www.xinhuanet.com/world/2019-06/06/c_1124588552.htm）。

——高度的政治互信；

——完备的高层交往和各领域合作机制；

——内容丰富、具有战略意义的务实合作；

——坚实的世代友好民意基础；

——密切有效的国际协调。

双方确定了以下一系列指导两国关系的基本原则：

——相互尊重，平等信任；

——互帮互助，睦邻友好；

——相互支持，战略协作；

——互谅互让，合作共赢；

——不结盟、不对抗、不针对第三方。

双方将继续坚持上述原则，继续秉持2001年《中华人民共和国和俄罗斯联邦睦邻友好合作条约》宗旨以及其他双边关系文件精神，指导两国关系长远发展。

二

中俄关系进入新时代，迎来更大发展的新机遇。着眼世界形势变化，顺应两国人民共同愿望，为新形势下两国关系取得更大发展，双方宣布，将致力于发展中俄新时代全面战略协作伙伴关系。其内涵包括以下目标和方向：

——守望相助，相互给予更加坚定有力的战略支持，支持对方走自身发展道路和维护本国核心利益，保障两国各自安全、主权和领土完整。为此双方将进一步开展相关领域互信合作。

——深度融通，就国家发展战略对接进行密切协调和战略协作，拓展经贸和投资互利合作，民心更加友好相通，文化更加互鉴相融。

——开拓创新，不断丰富、完善双方合作理念、机制，开拓新的领域、项目、技术，更加全面挖掘两国关系潜力和发展动能。

——普惠共赢，进一步团结其他观点一致国家，维护以《联合国宪章》宗旨和原则为核心的国际秩序和国际体系，推动建设相互尊重、公平正义、合作共赢的新型国际关系，推动构建人类命运共同体，在各国平等参与全球治理、遵循国际法、保障平等和不可分割的安全、相互尊重和考虑彼此利益、摒弃对抗和冲突的基础上，秉持多边主义原则，解决国际和地区问题，在国际事务中主持公道，促进更加公正合理的多极世界的形成，惠及世界人民，实现合作共赢。

三

俄方支持“一带一路”倡议，中方支持在欧亚经济联盟框架内推动一体化进程。双方在推进“一带一路”建设与欧亚经济联盟对接方面加强协调行动。

中方支持建设大欧亚伙伴关系倡议。双方认为，“一带一路”倡议同大欧亚伙伴关系可以并行不悖，协调发展，共同促进区域组织、双多边一体化进程，造福欧亚大陆人民。

四

双方一致同意，将政治合作、安全合作、务实合作、人文交流、国际协作作为中俄全面战略协作伙伴关系的重点领域。为实现以上目标，双方将共同规划各领域合作原则、方向和具体举措，进一步充实中俄全面战略协作伙伴关系内涵。

政治合作

中俄关系将继续以牢固的政治信任为基石，发挥两国元首战略引领作用。双方将聚焦以下方面：

（1）通过年度互访、在重要多边场合举行双边会晤、元首热线、互致信函等方式，保持两国元首密切交往，对双边关系发展进行顶层设计和战略引领。

（2）充分发挥中俄总理定期会晤机制统筹和推动作用，保持经贸、投资、能源、人文、地方等领域政府间合作委员会高效运转。

（3）保持两国立法机构高层交往势头，用好议会间交流机制和友好小组对话平台，开展多层次、宽领域、全方位交往。

（4）支持中共中央办公厅与俄罗斯联邦总统办公厅作为双边交往的独特渠道，为保障两国元首交往、推动落实两国元首共识发挥更大作用。加强两办及相关部门全面合作。

（5）支持中国共产党与俄罗斯主要政党保持机制化友好往来，努力建立求同存异、相互尊重、互学互鉴的新型政党关系。

安全合作

中俄安全合作的目标是确保两国国家安全，为各自国家稳定发展创造有利条件，有效应对各类传统和新型安全威胁与挑战。

双方将采取以下措施：

（1）充分发挥战略安全磋商机制作用，巩固国家安全领域信任，绝不允许任何势力利用本国领土从事反对对方的活动；保持双方在重大国家安全问题上的密切沟通和协调配合；继续就发展道路和理念、治国理政经验、加强执政能力建设等开展对话。

（2）继续加强两国防务部门和军队战略沟通，深化军事互信，加强军技领域合作，开展联合军事演习，完善各层级各领域务实合作机制，推动两军关系提升至新水平。

（3）完善中俄执法安全合作机制，统筹协调、整体推进两国执法安全各领域合作。

（4）相互支持对方打击恐怖主义和极端主义的努力，加强在打击传播和宣传恐怖主义、极端主义思想及人员招募，切断恐怖组织物资、资金等来源等方面的合作，消除煽动恐怖主义行为，侦破各类威胁两国国家安全的恐怖活动。加强多边反恐领域的政策协调与建设性合作，推动国际社会建立以联合国为核心的全球反恐统一战线，反对在打击恐怖主义和极端主义问题上奉行“双重标准”，谴责利用恐怖和极端组织以及打击国际恐怖主义和极端主义实现地缘政治目的和干涉别国内政。

（5）加强禁毒领域立场协调、经验交流和务实合作，巩固双边禁毒合作机制，深化毒品减需减供情报交换、联合执法等领域交流合作。坚定维护基于联合国三大禁毒公约的现行国际禁毒体制，促进上海合作组织禁毒合作务实、可持续发展，推动金砖国家禁毒合作。

（6）扩大网络安全领域交流。进一步采取措施维护双方关键信息基础设施的安全和稳定。加强网络空间立法领域交流，共同推动遵照国际法和国内法规进行互联网治理的原则。反对以国家安全为借口，不必要地限制信息通信技术产品的市场准入，不必要地限制高新技术产品出口。在各国平等参与基础上维护网络空间和平与安全，推动构建全球信息网络空间治理秩序。继续开展工作，进一步推动在联合国框架下制定网络空间国家负责任行为准则，并推动制定具有普遍法律约束力的法律文件，打击将信息通信技术用于犯罪目的的行为。

（7）开展边境合作及边防部门协作，在进行不间断形势监控、信息交流以及开展边境地区务实联合行动实践的基础上，进一步强化两国边境主管部门间的务实合作，合力打击跨国犯罪和非法移民，保障国家边境稳定。同时遵守领土和边境不可侵犯的国际法原则，相互尊重主权和领土完整。

务实合作

中俄务实合作的目标是为双边关系奠定坚实的物质基础。双方将拓宽思路，创新模式，推动两国务实合作全面提质升级，实现利益深度交融、互利共赢。

双方商定落实下列任务：

（1）落实好双方《关于促进双边贸易高质量发展的备忘录》，持续提升双边贸易规模，优化贸易结构。深化电子商务、服务贸易领域合作，扩大投资和经济技术合作，推进战略性大项目实施，提高贸易和投资便利化水平，为双方经贸合作创造良好条件。双方支持中小企业扩大合作，为双边经贸合作注入新动力。

（2）继续深化上中下游全方位一体化能源合作，促进双方在节能技术、标准、人才、信息等方面交流与合作。支持中俄东线天然气管道项目年内举行投产及供气启动仪式。支持中俄能源商务论坛成为机制化活动。

落实好2018年6月8日达成的核领域一揽子合作项目。本着互利共赢的原则，在2016年11月7日签署的《中俄政府首脑关于深化和平利用核能领域战略合作的联合声明》基础上，继续深化和拓展和平利用核能领域合作，探讨可行的合作项目。

（3）持续深化两国投资合作，充分发挥中俄投资合作委员会统筹协调作用，进一步完善机制，加强两国经济领域发展战略、规划和政策对接。按照“企业主体、市场导向、商业运作、国际惯例”的原则共同推动更多投资合作项目落地。加强对中俄投资基金、中俄地区合作发展投资基金等双边合作基金的引导，提升金融支持和服务水平。加强对双方投资者合法权益的保护，营造更加公平、友好和稳定的营商环境。

（4）在中俄总理定期会晤委员会金融合作分委会框架内开展两国政府部门和金融监管部门的合作。中俄金融监管部门将采取措施，提高外贸合同中使用本币结算的份额，开展支付系统、银行卡和保险领域合作，促进相互投资，欢迎两国发行人在双方金融市场发行债券。支持两国商业银行在机构互设、扩大代理行网络及金融产品创新方面的努力，鼓励双方金融机构积极参与两国债券市场交易。

（5）深化会计审计标准和审计监管合作，积极推进会计审计标准互认，为中俄企业跨境发债和两国金融市场互联互通提供制度保障。

（6）扩大科技创新合作深度和广度，决定2020年、2021年互办“中俄科技创新年”。继续定期举行中俄创新对话，推进中俄联合科技创新基金建设，推动中俄大科学合作，推动中国参与基于超导重离子加速器的离子对撞机装置项目实施，加强两国科技创新人才交流与合作。

（7）在实施中俄2018—2022年航天合作大纲的基础上拓展并深化两国航天领域长期互利合作，包括在运载火箭及发动机、月球与深空探测、对地观测、航天电子元器件、空间碎片监测、低轨卫星通信系统等重点领域的合作。

（8）加强信息通信技术、数字经济、无线电频率资源管理领域合作，深入开展北斗导航系统与俄罗斯格洛纳斯系统在轨位、频率方面的互换和合作。积极落实民用航空、原材料、装备、无线电电子等领域合作项目，推动中俄工业务实合作再上新台阶。

（9）扩大并提升农业合作水平，深化农业投资合作。采取措施优化营商环境，支持两国企业开展大豆等农作物生产、加工、物流与贸易全产业链合作，落实好双方《中国东北地区和俄罗斯远东及贝加尔地区农业发展规划》《关于俄扩大大豆和豆制品输华的合作规划》。积极开展两国农产品食品相互市场准入合作，扩大双方优质农产品食品贸易。

（10）深化交通运输领域合作。坚持互利共赢原则，新建和改造现有跨境交通基础设施，推动铁路、界河桥梁等领域标志性重大合作项目落地实施。加强两国间跨境运输合作，推进运输通关便利化，提高运输服务质量效率。

（11）加强海关检验检疫、口岸运行全方位务实合作，不断提升口岸基础设施同步配套建设水平，优化口岸通关环境，开展海关必要信息交换。

（12）推动中俄北极可持续发展合作，在遵循沿岸国家权益基础上扩大北极航道开发利用以及北极地区基础设施、资源开发、旅游、生态环保等领域合作。支持继续开展极地科研合作，推动实施北极联合科考航次和北极联合研究项目。继续开展中俄在“北极——对话区域”国际北极论坛内的协作。

（13）提升在自然灾害防治和紧急救灾领域，包括自然灾害和生产安全事故后续处理方面合作的水平和质量，促进在该领域的国际合作。加强跨界水体保护、环境灾害应急联络、生物多样性保护、应对气候变化、固废处理等领域合作。

（14）本着睦邻友好合作精神继续发展中俄边界领域务实合作，加强协调，促进两国边境地区的经济社会发展。

（15）扩大中俄地方交流，持续深化地方间经贸合作，落实好《中俄在俄罗斯远东地区合作发展规划（2018—2024 年）》，丰富中俄地方合作交流年成果。研究建立并运行新的地方合作平台。用好中国国际进口博览会、中俄博览会、中国—东北亚博览会、圣彼得堡国际经济论坛、东方经济论坛等重点展会平台，推动扩大合作。

（16）积极推进“一带一路”建设与欧亚经济联盟对接。推动在中华人民共和国政府同欧亚经济委员会间建立有效对话机制。切实推动符合中国、欧亚经济联盟及其成员国利益的优先项目。

确保 2018 年 5 月 17 日签署的《中华人民共和国与欧亚经济联盟经贸合作协定》早日生效并启动实施。双方主张启动中俄《欧亚经济伙伴关系协定》谈判。

双方高度评价 2019 年 4 月 25 日至 27 日在北京举办的第二届“一带一路”国际合作高峰论坛。论坛期间各方就在对接现有国家及地区一体化战略和项目基础上进一步加强欧亚地区建设性合作达成重要共识。

（17）继续深化双边领事合作，加强在该领域交流，积极推动中俄人员往来进一步便利化。

人文交流

中俄人文交流的目标是传承世代友好，巩固民间友好往来，促进文明互学互鉴。为进一步发展人文交流，双方将采取以下措施：

（1）发挥中俄人文合作委员会统筹作用，落实《中俄人文合作行动计划》。

（2）在以下人文交流合作领域加快实现突破：师生学术交流；利用远程教育技术等开展汉语、俄语教学；在基础教育、中等职业及补充教育、青少年交流领域共同举办活动。根据数量对等原则相互提供到对方国家高校公费留学的名额。互派优秀学生到对方国家就读优势专业，实现2020年相互留学交流10万人目标；完善在华俄语中心和在俄孔子学院等汉语学习中心运行模式。

打造青少年交流品牌。在中俄百名青年互访项目框架内继续开展双方交流实践，促进国际青少年运动，增加中俄青少年组织间交流活动及项目数量，落实《中俄青少年世代友好宣言》。

（3）加快推进深圳北理莫斯科大学建设，支持两国高校、大学联盟联合研究机构在科技优先领域开展科研联合攻关、优质资源共享和高水平人才联合培养。持续支持和推广“中俄青年创业孵化器”交流项目，促进落实两国青年创业计划，培养两国青年创新创业人才。

（4）在卫生领域积极协作，包括继续在应对自然、人为、防疫卫生领域突发情况及医疗后果消除等领域加强合作。实现人类健康基本目标，扩大卫生服务覆盖范围，在非传染性疾病和社会卫生领域开展协作。在中俄医科大学联盟和专业医学协会框架下加强科研合作，鼓励两国对口医学组织间的直接交流与合作。

继续拓展双方在传染性疾病诊治和防控领域合作。提高中俄相关组织机构在危险病毒性疾病和自然疫源性传染病研究监控、人类健康环境因素影响风险评估方面的学术协作水平。

（5）支持并促进两国专业艺术院团、剧院、图书馆、博物馆等文化机构建立直接联系并深化合作，进一步支持莫斯科中国文化中心和北京俄罗斯文化中心活动，加强地方文化交流合作，推动两国文化艺术领域人才培训和交流，就开展文化产业领域合作进行深入研究。

（6）深化体育交流与合作，办好中俄夏季青少年运动会和冬季青少年运动会、“丝绸之路”国际汽车拉力赛、“丝路杯”冰球联赛等品牌体育交流活动。在冬奥会备战方面加强合作，共同提高冬季运动水平。俄方支持中方举办 2022 年第二十四届冬奥会。中方将为俄罗斯运动员冬奥会前夕及举办期间在华停留提供良好条件。

（7）推动两国媒体机构合作，客观全面报道重大国际事件。支持两国媒体开展专业对话交流，举办相关主题活动。加强双方新媒体（网媒）之间的全方位、多形式合作，促进两国人民对中俄文化杰出成果认知，为发展中俄协作及伙伴关系营造良好社会氛围。

（8）促进两国国家旅游部门协作，采取措施简化旅行手续，推动落实扩大双向旅游交流的措施，提升旅游服务质量和安全性，鼓励拓展旅游新形式，包括北极旅游、汽车旅游、主题旅游等。重点推动两国主管部门合作，协调管理旅游市场，保护游客合法权益。

（9）推动两国林业和自然保护部门合作，继续深化东北虎、东北豹等珍稀濒危野生动植物和迁徙候鸟保护合作。加强自然保护区合作，特别是东北虎豹跨境自然保护区合作，联合开展巡护和东北虎豹监测，共同开展生态廊道建设，保障东北虎豹在中俄边界实现自由迁徙。为增进两国人民友谊，中方向俄方提供一对大熊猫，双方将在大熊猫保护、繁育等方面开展合作与联合研究。

（10）加强沟通，扩大合作，深入推进双方在彼此境内的烈士纪念设施修缮保护工作。

（11）继续发挥中俄友好、和平与发展委员会作为两国民间交往主渠道的作用，以今年（2019 年）庆祝中俄建交 70 周年为中心，积极推动开展更多民间交流活动，巩固好两国社会和民意基础。

国际协作

中俄国际协作的宗旨是体现双方作为世界大国和安理会常任理事国的使命和担当，致力于维护世界和平稳定和国际公平，促进尊重国际法，推动国际关系民主化，推动国际秩序朝更加公正合理的方向发展。双方将在以下方面开展合作：

（1）本着多边主义的理念，坚定维护以联合国为核心的国际体系、以国际法为基础的国际秩序。坚持《联合国宪章》宗旨和原则，包括主权平等和不干涉内政，以广泛国际合作为依托，推进全球治理改革，支持多边贸易体制，推动构建更加公平均衡稳定的新型国际格局，为世界各国和人民进一步发展提供机遇。金砖国家对形成多极世界格局，构建更加公正、多边、民主、平等的国际体系所做的贡献日益凸显，要有效发挥金砖国家作用，包括金砖国家成员国驻联合国和其他主要多边平台代表举行定期对话。

（2）致力于提高联合国及其安理会运转效率，根据《联合国宪章》，支持对联合国及其安理会进行必要、合理的改革，以全面履行《联合国宪章》。安理会改革应优先增加发展中国家的代表性和发言权，使广大中小国家有更多机会轮流进入安理会并参与决策。各方应通过广泛、民主协商，继续就联合国及其安理会改革问题开展探讨，不人为设置时限，不强推不成熟的改革方案，寻求兼顾各方利益和关切的“一揽子”解决方案。

（3）致力于全面落实 2030 年可持续发展议程，平衡协调推进经济、社会和环境三大领域的公平、包容、开放、全面、创新和可持续发展。支持联合国在协调评估全球落实 2030 年议程方面发挥重要作用，认为有必要通过改革联合国发展系统等方式增强支持会员国落实 2030 年议程的能力。

（4）加强国际合作共同应对气候变化、生物多样性等全球性环境问题。双方欢迎《联合国气候变化框架公约》第 24 次缔约方会议如期达成《巴黎协定》实施细则，将进一步加强气候行动。中方欢迎俄方积极参与并支持中国将于 2020 年承办的《生物多样性公约》第 15 次缔约方大会。

（5）推动联合国人权机制平等对待各类人权，在发展中国家重视的经社文权利和发展权方面加大投入。继续共同致力于反对将国际人权议程政治化，反对采取“双重标准”政策，反对以人权为借口干涉主权国家内政，反对企图淡化联合国人权机构为政府间机构的属性，反对歪曲篡改历史，颠覆现行国际关系和国际法体系。

（6）坚定维护遵守国际人道法有关准则，以及联大第 46/182 号决议规定的危机情况下提供人道主义救援的基本原则。

（7）采取共同措施防止外空军备竞赛，防止外空演变成军事冲突疆域。在此背景下双方强调，禁止在外空部署任何武器有助于防止国际和平与安全受到严重威胁。强调首先应严格遵守关于和平利用外空的现行国际协定，维护世界和平与安全，发展国际合作，扩大共识。制定具有法律约束力的多边文书，确保不在外空部署任何类型武器。双方强调，裁军谈判会议是举行多边裁军谈判的唯一场所，在全面防止外空军备竞赛国际协定谈判中发挥关键作用。

推动在联合国构建保障外空活动长期稳定和外空行动安全的多边机制。采取共同措施推动作出关于“不首先在外空部署武器”政治承诺的国际倡议。双方相信，正在实践中的透明和信任措施有助于防止在外空部署武器，但不能取代外空国际法律文书谈判。

遵守并强化《禁止发展、生产及储存细菌（生物）及毒素武器和销毁此种武器公约》（以下简称《公约》），包括通过达成含有有效核查机制的议定书等方式，共同杜绝违反《公约》活动。同时，任何针对《公约》的决定只能在各方普遍参与的情况下进行讨论、制定并通过。推动裁军谈判会议尽快就通过“制止生化恐怖主义行为国际公约”开始多边谈判。加强核不扩散领域合作。共同维护《不扩散核武器条约》作为核不扩散体系基础的有效性和权威性。

（8）加强反腐败国际治理，支持根据《联合国反腐败公约》开展预防和打击腐败方面的国际合作。

（9）反对包括单边贸易制裁在内的任何形式的保护主义，维护并巩固以世界贸易组织核心作用和规则为基础的开放、透明、包容、非歧视的多边贸易体制。积极参与世贸组织框架内工作，探索完善农业、投资便利化、服务领域国内规则、中小微企业活动、电子商务和贸易救济措施等领域现行规则并研究制定新的非歧视多边贸易规则，在世贸组织谈判中就符合各方利益的问题形成合力。为巩固世贸组织作用，使其适应当代经济现状和挑战，推动世贸组织进行必要改革，提高监督、谈判和争端解决三项关键职能的工作效率。改革过程中应着眼维护世贸组织核心价值和基本原则。

（10）反对国际经贸合作中的政治垄断和货币讹诈，谴责个别国家企图掌控别国开展正当合作的必要性和尺度，以及操纵全球不扩散制度，向不合其心意的国家施压。

（11）合作保持国际货币金融体系改革动力，推动按照既定时间表完成国际货币基金组织第 15 轮份额总检查，提升新兴市场和发展中国家的代表性和发言权。

（12）同上海合作组织各成员国继续共同努力，进一步发挥上海合作组织作为有影响力的现代国际关系体系参与者和保障地区安全、可持续发展、高效地区协作的积极因素作用，促进多极平衡世界的形成，维护平等、不可分割、综合、可持续的安全与稳定。

秉持“上海精神”所倡导的互信、互利、平等、协商、尊重多样文明、谋求共同发展，进一步深化上海合作组织成员国在政治、经济、安全和人文交流领域的合作。

在2019—2020年俄罗斯担任上海合作组织主席国期间重点协作解决上述任务。

（13）从经贸财金、政治安全、人文交流三大相互联系的方面，推动深化金砖战略伙伴关系。不断巩固金砖国家在世界政治和经济事务中的重要地位，通过落实历届金砖国家领导人会晤达成的各项共识，保障金砖国家合作延续性和稳定性。加强在新开发银行等多边开发机构中的协作，为可持续发展和基础设施建设提供支持。继续落实金砖国家经济伙伴战略和经贸合作行动纲领。通过建设金砖国家新工业革命伙伴关系等方式深化创新技术合作。积极运用金砖对话会和“金砖+”模式，扩大金砖国家与其他发展中国家、新兴市场国家及相关组织的合作。共同支持巴西办好金砖国家领导人第十一次会晤。

（14）为巩固亚太地区国家关系机制运行的多边基础，深化在东亚峰会、东盟地区论坛、东盟防长扩大会等平台中的协作，加强在亚欧会议、亚洲合作对话、亚信、大图们倡议及其他地区机制框架内的合作，推动“中俄印”机制发展。

以严格遵守国际法准则为基础，以和平解决争端、不使用武力或以武力相威胁为原则，在东亚峰会框架内推动构建共同、综合、合作、可持续、平等不可分割安全以及开放包容透明的亚太地区安全架构。

（15）支持二十国集团在全球经济治理和国际经济合作中发挥引领作用。致力于落实二十国集团历届峰会成果，坚持多边主义，构建开放型世界经济，维护并推动以世贸组织为核心、以规则为基础的多边贸易体制，反对包括单边贸易制裁在内的单边主义和保护主义，推进结构改革、数字经济、新技术应用、电子商务、可持续发展、气候变化、基础设施互联互通、国际金融体系改革、支持中小微企业、巩固全球价值链等领域国际合作，推动世界经济强劲、可持续、平衡、包容增长。推动金砖国家进一步加强在二十国集团事务中的协调合作。

（16）坚持构建开放型亚太经济的大方向，推动亚太经合组织各领域合作取得积极务实成果，以世贸组织准则和原则为基础，促进亚太地区国家开展自由贸易，发展主要区域一体化平台协作，全面实施互联互通蓝图，促进数字经济发展，建设亚太自由贸易区，共同规划好2020年后合作愿景。

（17）坚持朝鲜半岛无核化目标，强调对话协商是解决半岛问题的唯一有效途径。双方欢迎2018年以来朝鲜半岛形势发生的重大积极变化，积极评价有关各方为此作出的努力。认为政治解决半岛问题应坚持无核化换安全与发展的目标，综合平衡解决各方关切，并行推进半岛无核化和建立半岛和平机制。支持朝美保持对话，相向而行，推动对话不断取得进展。支持朝韩改善关系，继续推进和解合作。中俄将继续为推动政治解决半岛问题及建立本地区和平与安全机制作出建设性努力，愿共同推动安理会发挥应有积极作用。

（18）强调叙利亚问题只能通过政治和外交手段解决，根据安理会第2254号决议，重申支持叙利亚主权、独立、统一和领土完整。尽快启动宪法委员会工作，通过联合国推动的“叙人主导、叙人所有”的包容性政治进程，寻求兼顾各方合理关切的政治解决方案。中俄欢迎阿斯塔纳担保国在改善叙利亚局势方面所作努力，重申应打击叙利亚境内包括被联合国安理会列名恐怖组织在内的所有恐怖组织，强调叙利亚重建的迫切性，就排雷等向叙提供协助，并愿就此加强沟通协调，强调难民尽快回国和境内流离失所者重返家园的重要性。

（19）伊朗核问题全面协议的意义重大、不可替代，根据联合国安理会第2231号决议和《联合国宪章》第25条规定，坚定支持稳步、全面落实有关协议。双方高度评价伊朗严格执行伊核问题全面协议所有相关要求并得到国际原子能机构多次确认，期待伊朗核问题全面协议参与方同样认真负责地对待自身义务，以如期全面达成协议的崇高目标。双方强调，必须维护对伊互利经贸合作，重申坚决反对任何国家以本国法律为由实施单边制裁和“长臂管辖”。

（20）继续在双边和多边框架内密切协作，推动阿富汗民族和解与局势稳定。

（21）就拉美事务保持磋商，在各自发展同拉美和加勒比国家关系过程中重视加强沟通协作，进一步做出共同努力，促进该地区稳定繁荣。密切关注委内瑞拉局势发展，呼吁各方恪守《联合国宪章》、国际法和国际关系准则，坚持不干涉内政原则，推动有关问题通过包容政治对话和平解决，反对对委内瑞拉进行军事干涉。

（22）就非洲事务加强沟通协调，维护国际对非合作的积极、健康氛围，共同为非洲和平与发展做出更大贡献。在充分尊重非洲国家意愿和循序渐进基础上，继续探讨开展在非三方合作。

（23）强调巴勒斯坦问题是中东地区诸多问题的根源，支持建立以1967年边界为基础、以东耶路撒冷为首都、拥有完全主权的、独立、具有发展前景的巴勒斯坦国。呼吁有关各方避免采取有损“两国方案”前景的行动，在联合国有关决议、马德里原则、“阿拉伯和平倡议”等现行国际法基础上，通过政治和外交途径，推动早日恢复谈判，实现中东问题的全面、公正、持久解决。

中华人民共和国主席　俄罗斯联邦总统

习近平（签字）弗·弗·普京（签字）

二〇一九年六月五日于莫斯科

中俄总理第二十四次定期会晤联合公报*

应俄罗斯联邦政府总理德·阿·梅德韦杰夫邀请，中华人民共和国国务院总理李克强于2019年9月16日至18日对俄罗斯联邦进行正式访问。访问期间，李克强总理会见了俄罗斯联邦总统弗·弗·普京并同梅德韦杰夫总理于9月17日在圣彼得堡市举行中俄总理第二十四次定期会晤。

一

两国总理（以下简称“双方”）强调，今年（2019年）是中俄建交70周年，70年来，中俄关系经历不平凡的发展历程。在双方共同努力下，中俄新时代全面战略协作伙伴关系达到历史最高水平。中俄关系成熟、稳定、坚韧，不受外部环境变化影响。两国合作已超出双边范畴，对维护地区及世界和平稳定具有重要意义。

双方满意地指出，中俄总理定期会晤机制持续高效运行，有效指导和推动两国经贸、投资、能源、人文、地方等各领域务实合作实现全面深入发展。双方愿继续完善总理定期会晤机制，推动两国全方位互利合作取得更多丰硕成果。

双方重申，将继续加强在战略性问题上的相互支持，拓展务实合作，密切人文交流，深化国际协作，进一步巩固中俄新时代全面战略协作伙伴关系，更好造福两国及两国人民。

---

* 新华社圣彼得堡2019年9月17日电，http：//www.xinhuanet.com/2019－09/18/c_ 1125007195.htm。

二

双方指出，两国贸易额继2018年首次超过1000亿美元后继续保持增长，农业、航空、航天、交通运输、科技创新、海关、环保等领域合作取得积极进展。双方愿继续挖掘合作潜力，进一步扩大双边合作规模。为此，双方商定：

——落实《中华人民共和国商务部和俄罗斯联邦经济发展部关于促进双边贸易高质量发展的备忘录》，优化贸易结构，培育新的经贸增长点，促进电子商务、服务贸易等新型贸易方式发展。扩大投资和经济技术合作，实施中俄经贸合作战略大项目。

——为推动双方经贸和投资合作发展创造有利条件，努力向2000亿美元贸易发展目标迈进。

——充分发挥中俄贸易投资障碍磋商机制作用，定期就消除双边贸易和投资合作中的障碍问题交流信息，提高贸易便利化水平。

——继续加强中华人民共和国国家市场监督管理总局与俄罗斯联邦消费者权益保护和公益监督局在消费者权益保护领域的沟通协调和务实合作。

——支持2020年在俄共同举办第七届中俄博览会。用好中国国际进口博览会等重点展会平台，促进两国地方和企业交流合作，扩大双边贸易和投资。

——就支持和发展基于世界贸易组织规则的多边贸易体制继续开展协作，包括在中俄世界贸易组织改革问题和反对单边贸易保护措施协调机制内的配合。

——加快新签中华人民共和国政府与俄罗斯联邦政府反垄断执法和政策领域合作协议的准备工作。

——进一步深化两国主管部门在知识产权保护领域的合作，加强双多边机制下的沟通协调。

——深化双方在上海合作组织、金砖国家和亚太经合组织等多边框架下的区域发展合作，以推动两国社会经济的全面、平衡发展，提升偏远和农村地区的一体化程度。

——全面落实《中国东北地区和俄罗斯远东及贝加尔地区农业发展规划》和《中华人民共和国商务部、农业农村部与俄罗斯联邦经济发展部、农业部关于深化中俄大豆合作的发展规划》，深化农业全产业链合作，扩大农产品相互准入，促进农产品贸易发展。

——切实加强非洲猪瘟和马铃薯甲虫等重大动植物疫情防控合作，为农业和农产品贸易发展提供有力的安全保障。

——积极开展两国农产品食品相互市场准入合作，不断扩大对方优质农产品食品进口，继续促进两国农业合作。

——继续推动实施《中华人民共和国政府与俄罗斯联邦政府国际道路运输协定》。

——积极开展《中华人民共和国政府与俄罗斯联邦政府关于便利公民往来协议》（2013 年 3 月 22 日签署）第十三条的修订工作，推进中俄国际道路运输司乘人员签证便利化。

——推动完成同江—下列宁斯阔耶铁路桥、黑河—布拉戈维申斯克公路桥及索道建设。

——继续加强中哈俄、中蒙俄跨境运输合作。

——继续发展“滨海 1 号”“滨海 2 号”国际交通运输走廊过境运输合作。

——推动双方交通部开展建设“滨海 2 号”国际交通运输走廊无人驾驶通道的合作，吸收其他有关部门和机构参与，研究制定通道建设技术方案，评估潜在运输量，以确定项目经济效益方案，制定无人驾驶通道运行的法律法规基础和技术标准。

——加强中俄卫星导航合作，切实落实《中华人民共和国政府和俄罗斯联邦政府关于和平使用北斗和格洛纳斯全球卫星导航系统的合作协定》，支持中国卫星导航系统管理办公室和俄罗斯国家航天集团就商谈《关于北斗和格洛纳斯全球卫星导航系统时间互操作的合作协议》所做的工作，进一步加强北斗和格洛纳斯系统的兼容和互操作，推动在中俄互设测量站、精准农业等领域的合作项目，继续推进北斗—格洛纳斯卫星导航系统在中俄国际道路运输应用合作，促进两系统以更高质量服务两国经济社会发展。

——结合两国创新、科技及社会经济发展的需求，拓展两国在月球和深空探测、运载火箭、遥感技术和低轨卫星通信技术应用、电子元器件等领域大项目上的长期互利合作。

——继续深化中俄在民用航空、汽车制造、制药、有色金属、石化化工、铁矿业、能源装备、船舶制造、海洋工程、机床、机器人技术和无线电电子等工业领域的务实合作，积极推动中俄联合研制远程宽体客机和重型直升机等重大合作项目。

——进一步提升信息通信技术、数字发展领域的合作水平，积极落实《中华人民共和国工业和信息化部与俄罗斯联邦数字发展、通信和大众传媒部关于数字技术开发领域合作谅解备忘录》，同时加强无线电频率资源管理领域合作，深化两国在保障网络安全领域的互信。

——共同建立规避制裁风险的移动终端操作系统，推动双方企业就该系统在中俄制造设备上的应用开展紧密合作，探讨开展通讯、物联网、人工智能等具有广阔前景的领域的高科技研发合作。

——利用多边合作机制，加强电子政务和数字政府建设领域先进管理体系和技术实践方面的交流与协作。

——做好2020、2021“中俄科技创新年”活动的设计、筹备、组织与实施工作。

——资助两国科研机构、高校、企业及创新机构在双方商定的科技优先发展领域的合作项目，特别是加强前沿性、原创性联合研究，包括加强双方在“大科学”装置方面的协调与合作。

——继续开展“中俄创新对话”，加快推动“中俄联合科技创新基金”建设。

——加强海关行政管理和检验检疫、提高口岸运行效率，发展口岸客货运输。

——积极促进双边贸易便利，加快“经认证的经营者”互认合作，深入开展信息交换、监管结果互认、“绿色通道”、中俄和中欧班列货物通关便利化等方面的务实合作。

——继续加强打击走私犯罪、风险防控、知识产权保护、防范核材料和其他放射性材料非法跨境贩运、海关统计信息交换等方面的务实合作，提高海关监管效率，共同保障贸易安全。

——进一步加强跨界水体水质保护、环境灾害应急联络、生物多样性保护、固废处理等领域合作，推进在上海合作组织和金砖国家框架下的环保合作与交流。在联合国等多边机构内密切合作落实2030年可持续发展议程。

——继续在“大图们倡议”（GTI）框架下开展合作，包括推动东北亚交通走廊、经济走廊建设，加强其与国际交通体系的对接。

——加强北极可持续发展合作，在兼顾域内国家权益的基础上，推动开发和利用北极航道，促进自然资源、基础设施现代化、科研、旅游、环保等领域合作。

三

双方高度评价两国投资、金融合作积极发展势头，强调应进一步发挥互补优势，挖掘合作潜力，提升合作质量和水平。为此，双方商定：

——扩大两国投资合作，充分发挥中俄投资合作委员会潜力，完善沟通协调机制，推动双方投资项目落地。加强两国经济发展各领域的战略、规划和政策协调，拓展投资合作的广度和深度。

——积极拓展在高新技术、数字经济等领域的投资合作。

——保护两国企业合法权益，营造良好的外部环境，按照“企业主体、市场主导、商业运作、国际惯例”的原则推动更多重点项目落地。

——加强政府间合作机制，进一步明确区域间、产业间、产业链上下游间的协同开发方案，推进战略性大项目落地实施。

——创新合作方式，推动企业间合资合作，推广海外合作园区、项目联合体、合资公司等多样合作模式，共同开拓国际市场，实现互利共赢。

——加强对双边合作基金的统筹引导。

——继续发挥中俄总理定期会晤委员会金融合作分委会作用，促进两国金融领域合作。

——推动扩大本币在双边贸易和投资中的使用，鼓励签署以本币计价的外贸合同，并采取措施推广本币的使用。

——支持两国金融机构在促进双边贸易、产能和投资等方面开展合作。

——继续深化在打击洗钱和恐怖主义融资领域的双边合作，特别是加强在反洗钱金融行动特别工作组（FATF）和欧亚反洗钱和反恐怖融资组织（EAG）框架内的沟通和合作。

——依据两国法律致力于保障两国商业银行间结算正常开展和履行关于打击洗钱和恐怖主义融资的程序。

——支持根据两国经济实体对融资期限的实际需求，通过中俄两国金融机构开展本币贸易融资。

——继续开展支付系统和银行卡合作，加强在移动支付创新和网络支付领域的合作。

——支持符合条件的俄罗斯发行人在中俄两国债券市场发行本币计价的债券，以及中方机构投资者投资俄方发行的金融工具，俄罗斯投资者参与中国期货市场交易，推动两国黄金市场参与者间的合作，支持进一步发展两国金融市场基础设施跨境结算以及两国托管结算机构合作。

双方高度评价由俄联邦第一副总理兼财政部长西卢安诺夫和中国财政部部长刘昆于2019年8月22日在莫斯科共同主持的第八次中俄财长对话取得的成果，并核准对话发布的联合声明。双方认为，本次中俄财长对话为进一步巩固和拓展中俄双边合作注入了新动力。

双方强调第八次中俄财长对话期间签署的中俄会计准则合作备忘录、中俄审计监管合作备忘录、中国财政科学研究院与俄罗斯联邦财政部研究所战略合作协议、中国财政部政府和社会资本合作中心与俄罗斯国家政府和社会资本合作中心合作备忘录等成果文件的重要意义。

四

双方指出，中俄能源合作具有战略性和长期性，愿继续巩固和发展两国能源战略伙伴关系。为此，双方商定：

——深化在油气、电力、煤炭、核电、可再生能源等领域的上中下游全方位一体化合作。

——推动双方在能源技术、标准、人才、信息等方面加强合作。

——支持中俄东线天然气管道项目于年内举行投产及供气启动仪式。

——落实好2018年6月8日达成的核领域一揽子合作项目。本着互利原则，按照2016年11月7日《中俄政府首脑关于深化和平利用核能领域战略合作的联合声明》中确定的合作方向，积极开展项目实施工作并继续深化和拓展和平利用核能领域合作，探讨可行的合作项目，推动中俄两国在中、俄及第三国核电市场的合作。

五

双方高度评价中俄人文合作取得的成果，愿推动两国新时代人文交流实现更大发展，为此双方商定：

——扩大教育领域双向留学交流规模，支持在中国推广俄语和在俄罗斯推广汉语，在基础教育、中等职业教育和补充教育领域开展合作，加强双方高等院校间合作和教育领域多边合作，加快推进深圳北理莫斯科大学建设。

——积极落实《中华人民共和国教育部与俄罗斯联邦教育部关于儿童补充教育与组织儿童康复疗养合作的备忘录》。

——继续教育领域合办活动的成功实践，组织中俄儿童创意节，在中国和俄罗斯举办暑期夏令营等活动，促进两国儿童间的友谊和理解，加深其对两国文化传统的认知，激发其对学习中俄文的兴趣。

——重视中俄两国居民卫生防疫、区域卫生防护、传染病防控工作。

——加快修订中国海关总署同俄联邦消费者权益保护和公益监督局签署的协定，制定区域卫生防护的联合行动计划。

——继续做好年度互办电影节活动，加大互相商业引进影片力度，支持中俄合作拍片，探讨多种形式的交流与合作。

——促进两国人员往来，共同挖掘两国旅游合作潜力，继续商签新的两国政府间关于互免团体旅游签证的协定。

——办好2019中国“俄罗斯文化节”，办好中国担任第八届圣彼得堡国际文化论坛嘉宾国活动，积极支持并参加2019年在俄举办的联合国世界旅游组织第23届全体大会。

——举办第三届中俄冬季青少年运动会，在筹备和举办2022年冬奥会过程中开展合作，联合举办“丝绸之路”国际汽车拉力赛。

——将媒体政策对话、新闻报道、电视节目互播、新媒体等作为下一步重点合作方向，实施“中俄电视周”及“2019—2020年中俄数字媒体合作计划”等相关项目，并于2020年签署中俄电视合拍协议。

——继续扩大在档案领域的合作，支持举办历史档案展览、出版档案文献汇编、档案学术交流等合作项目。

——继续拓展中俄青年交流的规模和领域，深化在青年创新创业领域的合作，落实《中俄青少年世代友好宣言》。

六

双方指出，地方合作是中俄务实合作的重要组成部分，中俄地方合作交流年的成功举办充分调动了两国各地方扩大合作的积极性。双方愿继续完善地方合作机制，推动各地方加强沟通对接，扩大交流合作，特别是加强在上海合作组织地方领导人会晤框架下的协作。为此，双方商定：

——筹备好将于2019年年底举行的中俄地方合作交流年闭幕式。指导和推动双方各地方在中俄地方合作交流年框架内开展各项交流活动。

——积极落实《中俄在俄罗斯远东地区合作发展规划（2018—2024年）》，支持在基础设施、农林开发、能源资源、港口物流等领域拓展和深化合作，共同落实中俄两国，特别是在俄西伯利亚和远东地区的投资项目。

——发挥现有地方合作机制潜力，研究建立并运行新的地方合作平台。

——加强中央政府与地方政府沟通协调，打造更好投资环境，切实给予政策支持，确保优惠政策落实落地。

七

双方强调，中俄两国在国界事务领域的交流合作有力地促进了两国关系的发展，丰富和充实了中俄新时代全面战略协作伙伴关系的内涵。中俄国界两地段联合检查的顺利收官，标志着中俄国界全线第一次联合检查圆满结束，对保持两国国界线的清晰稳定、维护两国边境地区的长治久安具有重要意义，为两国边境地区各领域高水平合作创造了有利条件。

双方商定发挥好中俄合理利用和保护跨界水联合委员会的作用，继续就黑瞎子岛（塔拉巴罗夫岛和博利绍伊乌苏里斯基岛）地区周围水域航行协定进行磋商。双方将同朝鲜民主主义人民共和国继续就中国船只沿图们江航行事进行磋商。

八

当今世界力量对比加速演变，现行国际体系面临深刻调整。中俄作为负责任的世界大国和安理会常任理事国，将继续坚定捍卫《联合国宪章》宗旨和原则，致力于维护世界和平和稳定，推动构建相互尊重、公平正义、合作共赢的新型国际关系，形成构建人类命运共同体的共同理念，维护多边主义原则，在各国平等参与全球治理、遵循国际法、保障平等和不可分割的安全、考虑彼此利益、不干涉内政、摒弃对抗和冲突的基础上，通过政治外交途径解决国际和地区问题，推动巩固更加公正和具有代表性的多极世界，实现合作共赢，惠及世界人民。

双方认为，当前多边贸易体制面临挑战，贸易保护主义上升，违反世界贸易组织规则的单边措施愈发频繁。世界经济不稳定不确定性加剧，增速放缓。国际市场不稳定性对贸易和投资活力造成负面影响。

双方重申坚持以世界贸易组织规则为核心的多边贸易体制核心价值和基本原则，呼吁国际社会共同努力，反对单边主义和各种形式的保护主义，共同提升经济的稳定性和包容性。

双方商定与有关方一道推动区域一体化进程，推动加强“一带一路”倡议与欧亚经济联盟对接，共同发展经济走廊，协同完善交通基础设施，有序扩大能源合作，增强数字经济领域有效互动，促进欧亚地区贸易和投资。

双方积极评价《中国与欧亚经济联盟经贸合作协定》即将生效。

双方高度重视“一带一路”倡议同大欧亚伙伴关系可以并行不悖，协调发展，双方将制定协调此项工作的具体措施，以在欧亚地区构建开放、互利、共赢、广泛、平等的合作空间。

双方商定积极利用二十国集团、金砖国家、上海合作组织、中俄印、亚太经合组织等机制，协调成员立场，支持多边贸易体制、反对单边主义和保护主义。为实现以上目标，双方商定：

——支持二十国集团作为国际经济合作主要论坛，继续在应对世界经济风险和完善全球经济治理中发挥引领作用。致力于坚持多边主义，反对单边主义和保护主义，构建开放型世界经济，支持以世贸组织为核心、以规则为基础的多边贸易体制，促进世界经济强劲、平衡、可持续、包容增长。加强双方在二十国集团内的沟通、协调与合作，共同推动金砖国家在二十国集团框架下加强协调合作。

——同其他金砖国家共同努力，积极落实历届金砖国家领导人会晤共识，深化金砖战略伙伴关系，巩固经济金融、政治安全和人文交流“三轮驱动”合作架构。继续推动金砖国家同新兴市场国家和发展中国家以外围对话和“金砖+”形式加强合作，促进共同发展和繁荣。落实《金砖国家经济伙伴战略》《金砖国家经贸合作行动纲领》在内的历届金砖国家领导人会晤共识，全面加强经贸领域合作。推动加快金砖国家新工业革命伙伴关系和金砖国家能源研究平台建设。

——继续在上海合作组织框架内密切协作，进一步加强其在维护地区安全稳定方面的作用，促进成员国经济持续增长，发展成员国间的文化与人文交往，提高组织的国际威望。

——拓展上海合作组织框架下经贸合作，特别是贸易投资、交通物流、基础设施、科技创新、卫生医疗、现代农业、通信技术等领域合作。共同致力于推动上海合作组织成员国地方领导人会晤机制高效务实运作。

——支持根据2018年6月10日在青岛发表的《上海合作组

织成员国元首关于贸易便利化的联合声明》，继续推动简化进出口和过境货物海关流程和手续，提高透明度，发展包括海关在内的边境机构合作，加快货物运输、通关、清关，考虑到共同努力支持和巩固以世界贸易组织规则为基础的多边贸易体制的重要性，探讨达成该目标的相关路径。

——中方愿积极支持俄方上海合作组织2019—2020年轮值主席国工作，包括充实上海合作组织成员国元首理事会会议内容。

——扩大在亚太经合组织内的合作，以保证亚太区域实现平衡、包容、可持续、创新和安全增长。为此，双方将共同推动亚太经合组织在加强区域全面互联互通，推进亚太自贸区进程，促进贸易投资自由化便利化，深化区域经济一体化，发展数字经济，在经济社会活动各领域推广应用先进数字技术等方面取得积极务实成果。双方将共同推动亚太经合组织继续促进自由开放贸易投资、支持多边贸易体制、反对保护主义。双方将根据世界发展新趋势积极参与规划2020年后APEC愿景，深化亚太伙伴关系，推动构建开放型亚太经济，为亚太地区发展和繁荣注入新动力。

九

中俄总理第二十四次定期会晤期间签署了以下文件：

——《中俄总理第二十四次定期会晤联合公报》；

——《中俄能源合作委员会第十六次会议纪要》；

——《中俄人文合作委员会第二十次会议纪要》；

——《中俄总理定期会晤委员会第二十三次会议纪要》；

——《中华人民共和国政府和俄罗斯联邦政府关于中俄国界两地段联合检查成果的议定书》及其附图；

——《中华人民共和国工业和信息化部与俄罗斯联邦数字发展、通信和大众传媒部关于数字技术开发领域合作谅解备忘录》；

——《中华人民共和国农业农村部和俄罗斯联邦农业部关于马铃薯甲虫防控合作谅解备忘录》；

——《中华人民共和国商务部与俄罗斯远东和北极发展部关于互设投资促进机构代表处的备忘录》；

——《中华人民共和国商务部和俄罗斯联邦经济发展部关于编制〈至2024年中俄货物贸易和服务贸易高质量发展的路线图〉的联合声明》；

——《中华人民共和国国家航天局与俄罗斯联邦国家航天集团公司关于建立联合月球与深空探测数据中心的合作协定》；

——《中华人民共和国国家航天局与俄罗斯联邦国家航天集团公司关于协同实施"嫦娥七号"月球极区探测任务和"月球—资源—1"轨道器任务合作协定》；

——《中华人民共和国国家原子能机构和俄罗斯联邦国家原子能集团公司关于中方专家进入俄方设施许可程序的行政协议》；

——《中国科协与俄罗斯科工联关于进一步加强科技人文交流与合作的谅解备忘录》。

双方商定，中俄总理第二十五次定期会晤将于2020年举行，具体时间、地点将通过外交渠道另行商定。

中华人民共和国　　俄罗斯联邦
国务院总理　　政府总理
李克强　　德·阿·梅德韦杰夫
2019年9月17日于圣彼得堡

参考文献

专著与期刊类

程亦军：《中俄经贸合作发展前景展望》，《西伯利亚研究》2018 年第 6 期。

高晓慧：《中俄贸易额在各自国家对外贸易中的贡献分析》，《俄罗斯东欧中亚研究》2014 年第 4 期。

郭连成：《新形势下中俄新型经济合作关系的构建与发展》，《财经问题研究》2016 年第 11 期。

郭晓琼：《从普京总统的“年终总结”看中俄》，2017 年 12 月 15 日，海外网（http：//opinion. haiwainet. cn/n/2017/1215/c353596 - 31208313. html）。

郭晓琼：《上海合作组织金融合作及中国的利益诉求》，《俄罗斯东欧中亚研究》2015 年第 2 期。

姜毅等：《中俄边境口岸研究》，中国社会科学出版社 2018 年版。

蒋敏、李新：《新形势下中俄产业比较优势及经贸合作关系研究》，《西伯利亚研究》2019 年第 4 期。

李新、张宇熙：《中俄经贸合作 70 年：经验与教训》，《俄罗斯学刊》2019 年第 4 期。

刘华芹：《开启中俄经贸合作新时代——中俄（苏）经贸合作七十年回顾与展望》，《俄罗斯东欧中亚研究》2019 年第 4 期。

刘华芹、于佳卉：《世界变局中的中俄经贸合作》，《欧亚经济》

2019 年第 1 期。
刘爽：《以共建“一带一路”为动力实现中俄经贸合作新跨越》，《西伯利亚研究》2019 年第 1 期。
陆南泉：《中俄经贸关系现状与前景》，中国社会科学出版社 2011 年版。
牟沫英、张珂、卢嘉琦：《“一带一路”背景下中俄经贸合作：成效、问题与解决路径》，《边界与海洋研究》2018 年第 1 期。
徐坡岭、那振芳：《贸易潜力与中俄经贸合作的天花板及成长空间问题》，《上海大学学报》（社会科学版）2018 年第 4 期。
徐坡岭、段秀芳：《中俄经贸合作中的政治因素与经贸合作水平评估——中俄之间是否存在“正热经冷”?》，《东北亚论坛》2019 年第 6 期。
周念利：《中俄政治与经贸关系发展的非对称现象分析及应对》，《东北亚论坛》2014 年第 2 期。
周艳玲等：《浅析本币结算对中俄经贸合作的影响》，《知识经济》2016 年第 19 期。
郑羽主编：《多极化背景下的中俄关系（2012—2015）》，经济管理出版社 2015 年版。

消息类

《第八次中俄财长对话在莫斯科举行》，2019 年 8 月 23 日，中国政府网（http：//www. gov. cn/xinwen/2019 - 08/23/content_ 5423948. htm）。
《关于进一步促进跨境贸易投资便利化的通知》，2019 年 10 月 25 日，国家外汇管理局（http：//www. safe. gov. cn/safe/2019/1025/14469. html）。
《哈尔滨银行成中国最大对俄人民币现钞跨境调缴金融机构》，2016 年 2 月 18 日，中国新闻网（http：//www. chinanews.

com/df/2016/02－18/7763346. shtml）。

《加快金融创新，护航“龙江丝路带”》，《黑龙江日报》2016年9月3日。

《京东布局远东跨境电商》，2017年3月15日，新浪网（http：//tech. sina. com. cn/i/2015－08－26/doc-ifxhcvrn0582891. shtml）。

《两国元首见证　中俄迄今最大核能合作项目进入全面实施阶段》，2019年6月6日，中国核能行业协会（http：//www. china-nea. cn/site/content/36129. html）。

《2017年中国货币政策大事记》，中国人民银行（http：//www. pbc. gov. cn//goutongjiaoliu/113456/113469/3491684/index. html）。

《推进重大合作项目落地改革试点政策开展金融交流活动》，《黑龙江日报》2016年1月18日第1版。

《我省金融合作不断升级》，《黑龙江日报》2014年2月21日第1版。

《西咸新区携手俄罗斯“硅谷”共建中俄丝绸之路高科技产业园》，《华商报》2014年10月20日。

《“一带一路”中俄高新技术发展合作论坛于沣东新城举办》，2019年12月18日，陕西省西咸新区沣东新城管理委员会网站（http：//www. xxfd. gov. cn/xwzx/fdyw/277799. htm）。

《中俄核电：与俄罗斯签署了多项采购合同》，2019年11月6日，新浪财经（http：//finance. sina. com. cn/stock/relnews/cn/2019－11－06/doc-iicezzrr7683058. shtml）。

《中国石化与西布尔签署项目合作协议　双方将合资建产能万吨/年丁腈橡胶装置》，2019年9月17日，新浪财经（http：//finance. sina. com. cn/stock/relnews/us/2019－09－17/doc-iicezueu6497721. shtml）。

主要网站及数据库

《对外贸易国别报告（俄罗斯）》，2020 年 4 月 3 日，中华人民共和国商务部（https：//countryreport. mofcom. gov. cn/indexType. asp? p_ coun = % B6% ED% C2% DE% CB% B9 万得资讯数据库）。

国家移民管理局（https：//www. nia. gov. cn/n741435/n907688/n1234186/index. html）。

2020 年 7 月 3 日，国家统计局（http：//data. stats. gov. cn/）。

《统计月报》，2020 年 2 月 16 日，中华人民共和国海关总署（http：//www. customs. gov. cn/customs/302249/302274/302277/index. html）。

Банк России，Статистический сборник «Внешняя торговля Российской Федерации услугами»，3，Апрель，2020г. http：//www. cbr. ru/statistics/macro_ itm/svs/.

Федеральная таможенная служба，Внешняя торговля Российской Федерации，3 Марма，2020г. http：//customs. ru/statistic.

Министерство экономического развития Российской Федерации，3，Апрель，2020г. https：//www. economy. gov. ru/.

Федеральная служба государственной статистики，3，апрель，2020г. https：//www. gks. ru/.

The World Bank，Doing Business 2020 Ease of doing Business Score Calculator，March 20，2020，https：//www. doingbusiness. org/en/data/doing-business-score.

World Economic Forum，"The Global Enabling Trade Report"，June 14，2017，https：//cn. weforum. org/reports/the-global-enabling-trade-report-2016.

郭晓琼，中国社会科学院研究生院法学博士，中国社会科学院俄罗斯东欧中亚研究所副研究员，中国社会科学院中俄战略协作高端合作智库办副主任。主要以欧亚地区和国家为研究对象，研究领域为欧亚地区国家经济发展，经济合作等。公开出版学术专著 1 部《俄罗斯产业结构研究》，在国内外刊物公开发表学术论文 40 余篇。